借金2000万円を抱えた僕にドSの宇宙さんが教えてくれた超うまくいく口ぐせ

小池 浩

サンマーク出版

「やめないで。
やめないで」

人生のどん底を味わっていたそのとき、
僕は再会した。
ドヤ顔でドSのアノヒトに。

12年前の僕は、
自分の夢に人生を押し潰されそうになっていた。

7年かけてお金を貯《た》め、地元に出店した
夢のアパレルショップ。
念願のお店だったのに、商品は売れず、閑古鳥。
でも畳む勇気も持てなかった僕は
夢だったお店のためなら、とお金を借りた。
最初は銀行だけだったのに、
足りなくなって消費者金融に手を出した。
ついには、手を出しちゃいけないはずのヤミ金にまで。
そして、

気づいたときには総額、2000万円超。

弁護士さんを何軒回って相談しても
「もう自己破産しかありませんね」としか言われない。
誰もが僕をあきらめていた。そう、僕でさえも。

友人もパートナーも離れていった僕は、人生どん底。
もう、車の運転をしていても、トイレに入っていても、
つつーっと、勝手に涙が出てくる。
「死んでしまえたらラクかもしれない」
とそのたびに思ったけれど、僕の借金の保証人は自分の親。
だから、死ぬこともできなかった。

どうしていいかわからない。

あの夜も、お風呂場で僕は泣いてたんだ。

「何もかも、すべてが終わっちゃえばいいのに」

すると、どこからともなく声が聞こえてきたんだ。

「やめないで、やめないで」

それは、僕の心の声のようだった。

シャワーのお湯と涙でぐちゃぐちゃになりながら、

僕は、声にならない声で、つぶやいていた。

「もう、頼れるものは何もない。

どうか助けて！　神様、仏様、ご先祖様、宇宙様！」

そのときだった。

おい、コイケ、

呼んだか!?
へ?

？？？　「よお！　久しぶりじゃん！」
コイケ　「久しぶり!?　じゃん!?
し、知りません知りません。
お帰りください」
？？？　「つか、おまえ、せっかく面白いネタつくっといて、
今やめたら台無しじゃねーか！」
コイケ　「ネ、ネタ？
いや、それより、あなた誰？」
？？？　「オレ？
さっき呼んだじゃねーか。
宇宙だけど」
コイケ　「は？　宇宙？」
自称宇宙　「ま、実際は交信係だけどな。
で、呼んだからには、おまえホントにやるんだろうな」
コイケ　「え？　何を？」

自称宇宙「何って、
宇宙にオーダーすることをだよ。

そのために、オレを呼んだんだろうが」

コイケ「宇宙にオーダー？　オーダーって何？」

自称宇宙「おまえ、借金で脳みそスポンジになっちまったのか？

オーダーってのは、
おまえの願いを、オレが宇宙に届けることに決まってんだろうが！」

コイケ「願い？　宇宙にお願いごと？　お星さまに願いごと～なんて、言ってる場合じゃないんですよ、こっちは。僕の人生にはもう、死ぬか、ホームレスぐらいしか残ってないんだから」

自称宇宙「ホームレス!?　いいね～それ！

2000万の借金から、ホームレス！

そして、そ、こ、か、ら、の～～人生大逆転！

……ふむふむ、けっこうネタつくるね、コイケ」

コイケ　「いえいえ、ネタじゃないですよ。
もうね、それしか選択肢ないんですよ……僕には」
自称宇宙　「だから、おまえのオーダーは、
そっからの大逆転劇なんだろ？」
コイケ　「え？　僕の人生、ここから大逆転できるとでも？」
自称宇宙　「は？　大逆転できるんじゃなくて、するんだろ？
そのためにやっと、オレのこと思い出したんじゃねーのかよ？」
コイケ　「え、いや、思い出すって……（そもそも誰だか知らないけど）」
自称宇宙　「ったく！　オーダーするのか、しないのか！
なんでもかなえてやるから、さっさと決めやがれ！」
コイケ　「なんでも？　本当に？
じ、じゃあ、お願いします!!
人生大逆転で！　あ、でも、ホームレスはなしで！
本当にかなえてくれるんですか？」
自称宇宙　「おう、もちろん、宇宙に二言はねーよ。

コイケ
ちゃんと〝オキテ〟を守れば、な」
「オキテ⁉　な、なんでしょう。
ここから抜け出せるなら、
僕、なんでもやります‼」

その日から、ドヤ顔でドSの宇宙さんのスパルタ授業が始まった。
願いをかなえる方法を聞きながら、毎日それを実行した僕は、
9年で2000万の借金を完済した。
家族に恵まれ、このときの僕からは想像できない、
ありえないほど幸せな日々を送ることになる。

す、すげー。宇宙さん……!

目次

目次

2部

宇宙はとことんドラマティックがお好き

イラスト アベナオミ
ブックデザイン 萩原弦一郎・荘司隆之（ISSHIKI）
構成 MARU
編集協力 乙部美帆
編集 橋口英恵（サンマーク出版）

コイケ
（本名：小池 浩）

仙台在住の36歳。トラック運転手をして7年かけて貯めたお金をつぎ込んで、夢のアパレルショップをオープン。無謀にも、いきなりコイケオリジナルグッズ100％の店を展開し、客は閑古鳥、材料費や仕入れがかさみ、気づいたときには借金2000万円（うちヤミ金600万円）。月の返済額は40万円を超えるが元金は減らず、自己破産か自殺しかないどん底の状況に陥っている。鼻水垂らして号泣しながら「宇宙様～」と叫んだところ、変な浮遊物が現れる。借金返済、一発逆転人生に向けて動き出した。

宇宙さん
（本名：おおいなる　いずみ）

コイケの呼びかけに応じ、突然現れた「宇宙」を名乗る浮遊物。常にドSロ調でコイケを怒鳴り散らすが、どうやらコイケとは昔からの知り合いで、スパルタ指導で人生一発逆転を導こうとしているようだ。コイケの心の目だけに見えている。宇宙への行き来には、なぜかシャワーヘッドを利用。足元の"泉"から自由にテレポーテーションできるらしい。名前を聞くコイケに「おおいなる（姓）いずみ（名）、とでも呼んでくれ」とせっかく本名を教えたのに、「本で読む人にわかりづらいから」と、勝手に「宇宙さん」に変えられた。「それなら、“いずみん”にしろよ」と思っている。

1部

世にも不思議な宇宙のオキテ

「無理、できない」「やっぱりダメか」もすべて宇宙への「オーダー」だ！

《ヤバイ、ついに幻覚まで見るようになってしまった》

バスルームでの奇妙なできごとの後、僕は浴室からフラフラと出て、冷蔵庫から発泡酒を取り出しました。

「落ち着け、僕。落ち着け」

プシュ。

缶の蓋を開けてグビグビと喉に流し込み、一息ついてから、部屋のソファに腰を下ろしたのですが、

「おい！　ヒトのこと踏んでんじゃねーよ！」

罵声が飛んできて、僕はソファから飛び上がりました。

「ひぇぇっ！　いた！　まだいた！」

「だから！　おまえが呼んだんじゃねーかよ」

「呼んだ？　僕が？　いやいや、あなた誰なんですか？

ここで何してるんですか？」

「さっき自己紹介しただろ！　おまえの記憶力は鳥並みか！」

「……痛い！」

「何やってんだよ？　ほっぺたなんかつねって」

「だって、いきなりシャワーヘッドから現れて『久しぶり、オレ宇宙です』って言われたら、いよいよ僕の頭がおかしくなったか、悪い夢か、どっちかでしょ」

「それよりよ、おまえ、さっき言ったよな、

『ここから抜け出せるんならなんでもやります！』って。

どうすんの？　するの？　しないの？」

「え？」

「おまえ、オレがいるのにいつまでモジモジウジウジしてんだ、つってんの」

「はあ。僕はどうしたらいいんでしょう」

「だから！　おまえ、オレの話聞いてた？　人生大逆転するんだろ？

そのためにオーダーするんじゃねーの？　しないなら帰るけどオレ」

「し、します、します！

で、あの、どうやってオーダーしたらいいんでしょうか？」

「ああん？　おまえそんなことも忘れちまったのか」

「いや、忘れたというか、知らないですよ」

「じゃあ、教えてやろう！……の前に、だ」

「え？　なんですか？」

**「おまえのオーダーは
すでに全部かなっている！」**

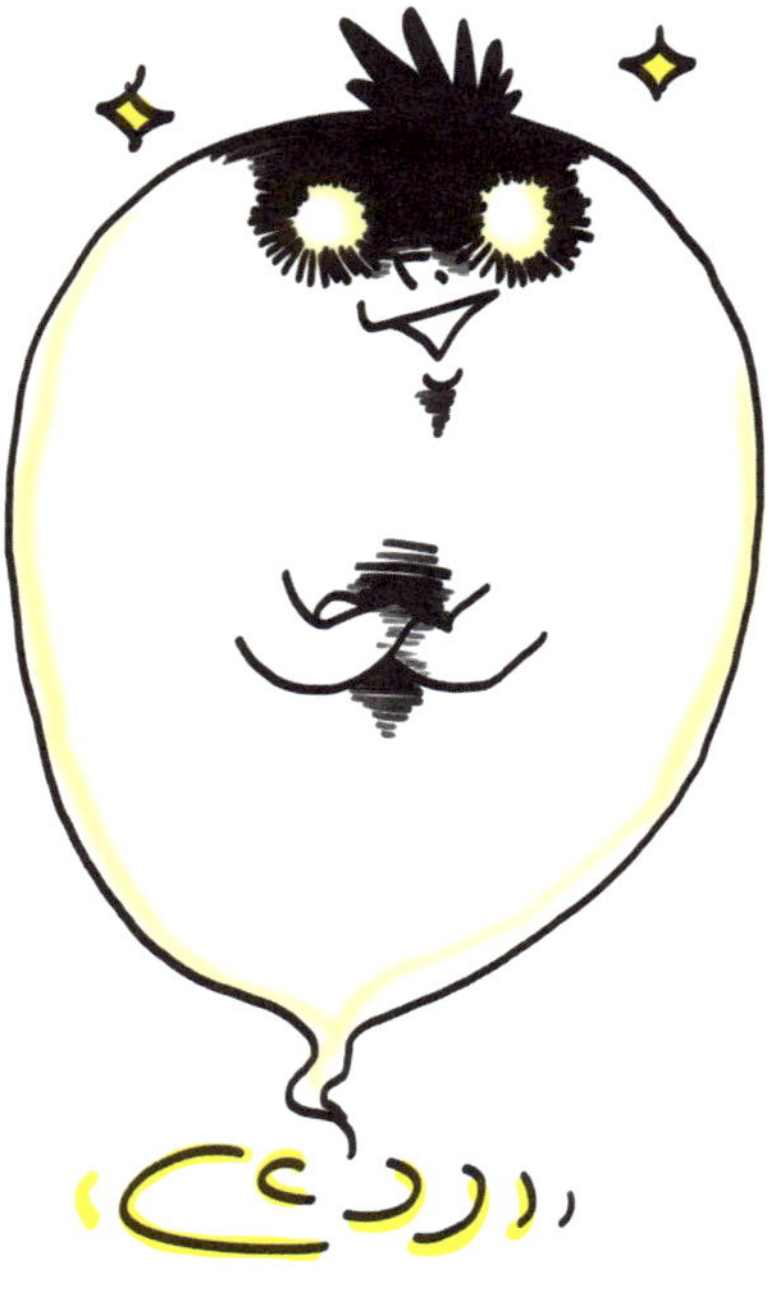

「は？」

「おまえの望みは今まですべて、現実になっている。

今のコイケ、イコール、おまえの理想の、おまえが望んだコイケ、だ」

「え！　事業に大失敗して借金2000万のこの僕が？

――なわけないじゃないですか！　ふざけないでくださいよ」

「だっておまえ、いつもオーダーしてたじゃん！

『売れないな、売れないな、今日も売れないな』って」

「え？　どういうこと？」

「オレはオーダーどおりにかなえてやっただけだ」

「ウ、ウソだ！」


言葉とは裏腹に、僕は衝撃を受けていました。

確かに僕は、毎日毎日、つぶやいていました。

「やっぱり売れないな～」

「僕のデザインしたTシャツって魅力ないのかな」

「こんな借金返せないよ～」

「あ〜もうダメだ、無理かもな〜」
考えてみれば、楽しいことなんてここ数年、口から出てきた記憶がないほどでした。

まさか、それ全部、宇宙へのオーダーになってしまってたってこと？

「そう、それだ。おまえは結果を決めてオーダーした。ちゃんとオレは宇宙にそれを伝達したし、かなえてやった」
そう言って、宇宙さんは冷蔵庫のほうへとふわふわ飛んでいき、冷蔵庫を開けて「オレも1本もらおうかな」と、発泡酒を取り出そうとしています。
「ちょっと、ダメダメ！　僕の唯一の楽しみを奪わないでください！それしか、今の僕には買えないんですからっ！」

そう言って僕は発泡酒が奪われるのを阻止しました。発泡酒は、夕飯を100円以下のカップ麺にしてでも、なんとか確保していた、僕の唯一の楽しみだったんです。

「そうそう、それもかなえてやったな」

「え？」

「『僕には発泡酒しか買えない！』っていうオーダーだよ」

「えぇぇっ！」

「だから、感謝しろって。おまえが言ったことは、全部かなえてやってんだよ」

「そ……そんな。い、いや、でも違う！

全部かなえてるなんて、ウソだ！

僕は、『なんとかしてください』って願ってた！　いつもそう言ってた。

だけど、それはかなえてくれなかったじゃないか！」

「おい、おまえ、今なんて言った？　なんとかしてくださいってなんだよ！

おまえはラーメン屋に行って
『なんかください』って言うのか？　バカかおまえは！」

「あ、いや……じゃ、じゃあ、《借金完済したい》ってオーダーすれば、それはかなえてもらえるんですか？」

「『完済したい』だとぉぉぉ？

ああ、もう、おまえは、本当に忘れちまってんだな。

仕方ねえ、最初から教えてやるか。面倒だけど」


「ちょっと待ってろよ」

そう言って、足元の泉のように見える〝何か〟にツルンと消えた宇宙さんは、次の瞬間、「よいしょっと」と言いながら、黒板を持って現れたのです。そして、部屋の真ん中に置いた後、一瞬考えるような仕草をしてバスルームへと入っていきました。

「あぁ、ちょっと違うなぁ」「こうか？」と、ブツブツとつぶやいていたかと思うと、バスルームの扉が開いて、宇宙さんが出てきました。


「コイケーーーー！　準備はいいかーー!!

宇宙のしくみを知りたいかーーーー？」

「……」

「絶句すんじゃねえ！！！！
コーイーケー！」

「ひ……は、はい。なんでしょう！」

「覚悟はいいか！
宇宙のしくみを、
叩《たた》き込んでやるー！！！！」

「……しくみ？」

「おまえなぁ……
これから人生大逆転しようかっていう人間が
しくみを知らなくてどうする。
宇宙のしくみは、地球とは違う。
宇宙へのオーダーのしかたを叩き込んでやるから、覚悟しろ！
今から、オリンピックに出るつもりで、死ぬ気でやれ！」

「え……オリンピック？　いやいや、それは、無理です」

「じゃあ、借金地獄で死んじまえ！」

「イ、イヤです！」

「じゃあ、覚悟しろ。

しくみさえわかれば、むずかしくはない。

ただ、おまえがまずやらなきゃならんのは、最初の覚悟だ！

何をどうするのか、何も決めてない！

今決めろ、すぐ決めろ！

借金を返済するのか、しないのか？

どうなんだ、ええ？」

「え、だって、２０００万ですよ？　２００万じゃないんですよ。

そんな簡単に返せるわけないですよ」

「……あ、そう。じゃあ、返せないな。

おまえみたいなヤツには、ぜーったいに返せない。

うんうん、返せない。死んでも返せない。生まれ変わっても、返せない」

「な、なんでそんなこと言うんですか？」

「今おまえが言ったじゃねーか『返せない』って。おまえが『返せない』と言ったら、

『返せない』が宇宙にはこだまするんだよ！

『返せない』現実が来るんだよ！」

「ひどい。僕、これでも頑張ってるのに
頑張ってるのに、返せないんだ」

「はあああ？

『頑張ってる』だと？

『頑張ってるのに返せない』だと？

じゃあ、永遠に、頑張ってるのに返せないねえ。

コイケサン、頑張ってるのにねえ。大変ねえ」

「……」

「……チッ……」

舌打ちした宇宙さんが、黒板に書きはじめました。

「これが、宇宙のオキテなんだよ！」

「宇宙のオキテ？」

スパルタ塾講師のようないでたちの宇宙さんは、短い手で黒板を指差しながら、解説をしはじめたのでした。

「ぼけっとしてないで、ノートを取れ！　誰の授業だと思ってんだ！」

「え、ノート？　は、はい！」

僕は慌てて宇宙さんが書いた言葉をメモしました。

「自虐」「懇願」「夢心地」口ぐせを今すぐやめて「完了口ぐせ」に変えろ！

先に結論から言う。

願望をかなえるには3つのオキテがある。


「結果を決めて宇宙にオーダーすること」

「ヒントは最初の0.5秒でつかんで必ず実行すること」

「口ぐせを、うまくいく口ぐせに変えること」


宇宙ってのは、宇宙にあふれてくるエネルギーをただただ増幅させる場だ。そしてそれを目の前に形として形成する。

それが宇宙の性質だ。

そのエネルギーの波動として、宇宙が最もキャッチしやすいのが、その人が信じきっていることや、言葉。普段口に出している言葉、口ぐせだ。

つい口から出てしまう言葉、**つまり口ぐせっていうのは、自分が心底信じている、「人生の大前提」**だと思うといい。

「オレってすげえ」なのか、

「オレ、やっぱりダメなんだな」なのか。


口ぐせで、そいつが何を心から信じているのか、一発でわかる。

口から出ている言葉は、振動している。

日本には言霊《ことだま》という言葉があるが、日本人は、言葉に強力なエネルギーが宿ることを昔から知っていたということだろう。

人は、日々の口ぐせを、潜在意識を通じて宇宙に届けている。

宇宙に増幅してほしいエネルギーを、自分で選んで、いつも宇宙にオーダーしているっていうことだ。

日頃から何をつぶやくかで人生が変わる、願いがかなう、という話を聞いたことがあると思うが、これは、つぶやきとは、すなわち宇宙へのオーダーそのものだからだ。

「願いがかなうしくみ」は、簡単に言うと、自分が口から出したものが、そのまま増幅されてるだけ。「口にした願いはかなう」とき、そのしくみは、自分が発した言葉の持つエネルギーを、宇宙空間が増幅、増幅、増幅して、それが返ってきているだけ。

「売れない」
「できない」
「返せない」

だから、コイケが日々口にしていたこんな「自虐口ぐせ」も、全部増幅されていた。増幅され、さらに「売れない」「できない」

「返せない」現実が目の前にやってきた。

人間が陥りがちな3つの口ぐせパターンがある。ひとつがこの自虐口ぐせ、2つめが「なんとかしてください」という「懇願口ぐせ」。3つめは「夢心地口ぐせ」だ。

宇宙の力とは「エネルギーを増幅させることだけ」なのに、そこに、「なんとかしてください」なんて言ったら、どうなるか。宇宙は「なんとかしてください」というエネルギーを増幅させる。「なんとかしてください」「なんとかしてください」「なんとかしてください」……結果、どうなるかって？

恐ろしいほどの「なんとかしてくれ」という状況が押し寄せるってことだ。

同じような意味で、3つめの「夢心地口ぐせ」もNGだ。

「世界一周したい！」「年収2000万になりたい！」

という「〜したい」オーダーは、「今、世界一周できていない、いつかはしたいな」というエネルギーを増幅させる。

結果、永遠に「世界一周に焦がれる」という現実を生み出す。

宇宙には善悪も、解釈もない。びっくりするほどない。

人がつぶやいたログせが、ただひたすら増幅され、現実になるだけ。

その現実を嘆いたところで、宇宙に言わせれば、「は？　おまえ自分でそう言ったろ。それをオレは忠実に再現したけど、何か？」というわけだ。

宇宙は「これって、コイケさんはホントのところどう思ってんのかな」「こんな苦しいオーダー、ホントはするはずないよね」なんて解釈を挟んでくれたりはしない。

「ほら、おまえ言ったろ」と、とことん、言葉を忠実に増幅させ、情け容赦なく現実にするという意味で、どこまでもドS。それが宇宙だ。

願いをかなえたいというとき、人間にできることは「結果を決めてオーダーする」ことだけ。

心の中で確実に「決めたこと」を、ハッキリと口に出してオーダーすること。そして、口ぐせにしてしまうことだ。そう、刷り込みのように、願いがかなった状態を自分の心の奥の奥にまで浸透させ、信じきるってことだ。

これは、喫茶店で、コーヒーをオーダーするのと同じこと。コーヒーが飲みたいから、「コーヒーをお願いします」と明確にオーダーする。

「何か飲みたいです」と曖昧なオーダーをするバカはいない。

さらには、コーヒーをオーダーしたのに「いや、そうはいっても、出てくるのは紅茶かも」とか、「頼んだけどコーヒーは出てこないかもしれない」と心配する変人もそうそういないはずだ。

宇宙へのオーダーもまったくそれと同じ。

より明確に、結果を決めて、オーダーする。
そしてそれが出てくるのを信じて待つ。

じゃあ、3つのNG口ぐせをやめて何が正解なんだって？

「完了口ぐせ」にするんだよ。

「世界一周をしました」「年収2000万になりました」

明確な結果を口にするだけだ！

借金が増える
食べるものがない
売れない
発泡酒しか買えない
ぐぅぅぅ…
ほらよ!!

借金を返すために僕がはじめにつぶやいたこと

「今言ったとおり、
おまえが言ったことは全部かなえてやる。
というか、これまでもかなえてやってきたし、
別にかなえたくなくてもかなっちまう。
口に出したエネルギーを増幅させるだけだからな、宇宙ってのは。
おまえがもし、本当に人生大逆転するつもりなら、
結果を決めて、オレにオーダーしろ」

「……
じゃあ、僕、借金を返済したい」

「コラ！
今言ったばかりだろうが！

『したい』っていうオーダーのどこが、結果を決めたオーダーなんだ、ええ？

『借金を返したーい』って望みなら、すでにかなってるじゃねーか。

だからおまえはここ何年も、『借金返したーい』っていう状況が続いてるんだろうが」

「は！　そうか。

ええと、じゃあ、僕は借金を返済します！」

「結果だから、過去形だろうが！」

「はい！　僕は借金を返済しました！」

「いつだ？　いつ返済したんだ？」

「え、期限もいるんですか？　じゃあ、10年で！

10年で2000万円返しました！」

「借金返してどうするんだ？　なんで借金返すんだ」

「へ？　どうする？　なんで？

ええと、ええと、幸せになるために返した！　幸せになりました！」

「よおーし。じゃあ、もう1回！　最初から！」

「僕は、10年で借金を返して、幸せになった！」

「よし！　覚悟を決めたんだな、いくぞ！」

「は、はい！」

「そこは『はい』じゃなくて『オー』だろうが！　空気読めないヤツだな」

「オ、オー！」

「よし、んじゃ、ちょっと行ってくるわ」

宇宙さんは「宇宙にオーダー届けてくる」と、バスルームの扉を開け、シャワーヘッドにスルッと入り込み、消えてしまいました。

「人生ゲームの〝難易度〟を設定しているのはおまえだよ」

こうして半ば強引に、「10年で、２０００万円（うち６００万円はヤミ金）の借金返済」を宇宙にオーダーした僕でしたが、２０００万円の借金が、翌日消えてなくなっているはずはなく、いきなり宝くじが当たるわけでもありません。

ある日、友人からチケットをもらった僕は、数年ぶりに映画館で映画を観ることにしました。

それは人生を大逆転する男のものがたり。クリス・ガードナーという実業家の実話を映画化したものでした。

クリスの仕事は医師たちに売る、骨密度を測る医療機器の販売。一攫千金《いっかく》を狙って始めたこのビジネスでしたが、高額な医療機器が、医療の知識もないクリスの手で売りさばけるわけもなく、まもなく家計は火の車に。家賃にも困る暮らしに陥ります。

ある日、医療機器を持って街を歩いていたクリスは、赤いフェラーリに乗っている男性に遭遇します。彼は、クリスにとって成功者の姿そのものでした。

クリスは、彼にこうたずねます。

「あなたにふたつ質問がある。職業と、その秘訣《ひけつ》は？」

彼は笑顔で「株の仲買人だ」と答えます。

「それには大学を出ることが必要か？」と聞くクリスに、彼は「必要ない。数と人に強ければ」と答え、クリスの腕をポンと叩き、去るのです。

クリスは思わず笑顔になります。

街を歩くすべての人が幸せに見え、そして、自分もそうなりたいと願います。

クリスはさっそく、証券会社で働くことを決意。難関の面接にも、ユーモアのセンスと機転のよさで合格し、某証券会社のインターンとして研修コースを受けることになるのですが、インターン期間中は無給。妻は愛想を尽かして出て行き、息子と一緒にホームレス生活を送りながら証券マンを目指すのです。

映画に引き込まれている僕に、宇宙さんが現れてこう言いました。

「なんだぁ、コイケ！

面白い映画観てんなぁ。

家賃払えずホームレス？　人生どん底？　それ、おまえじゃん！

ははー〜」

「な、なんですか！　もうっ！　静かにしてくださいよ！」

僕が感情移入して号泣しながら映画を観ている間じゅう、宇宙さんはずっと「おお、まさにコイケそのもの！」「ホームレスだって、ホームレス！　おまえもなるつってたよな！」「おっと、今度は機材盗まれやがった〜〜」と笑い転げています。

確かに、お金がない、家賃に困る、食べるものがない、学歴もない、人にだまされる……そんな状況は今の僕ととてもよく似ています。ですが、途中から僕は虚しい気持ちになりました。

「いいよな、彼は。だってこれ、映画だもん。公衆トイレで眠るような、こんなひどい状況でも、最後はうまくいくんだよね。映画だもん、うまくいかないはずないよ」

「は？　コイケ、何あたりまえのこと言ってんだ」

エンディングはもちろんハッピーエンド。エンドロールを見ながら僕は、思わずこうつぶやきました。

「いいなぁ……人生が、映画だったらいいのに」

「おい、コイケ、今なんつった？」

「え？　僕の人生も映画だったらなって。そしたら、どんな困難でも、楽しく乗り切れるのに」

「おまえ、バカか！」

「で、ですよね。映画みたいにうまくはいかないよね。現実とは違うもんね」

「だから！　おまえ本気か？　逆だよ、逆！」

「え？」

「人生なんて、映画とまったく同じに決まってるだろうが」

「は？」

「この映画は実話なんだろう？　じゃあ、コイケもそうなればいい」

「そうなればいいって……」

「借金苦に陥ってクリスはいったい何をした？」

「赤いフェラーリを見て、
乗っている人に『どうやったらあなたみたいになれるのか』を聞き、
証券マンになると決めました」

「そのとおり。それがオーダーだ」

「オーダー？」

「だから、それこそ宇宙へのオーダーだ、ってってんだよ。

で？　それからどうした？」

「証券会社のインターンに応募して
ホームレスになってもめげずに、信じてやりとおしました」

「それをおまえに置き換えたらどうなんだ？」

「え？　僕に？　そうですね……借金を10年で返すって決めたから、
どうやって返せるのかを考えて、行動して……って、いや、僕の人生は映画じゃありませんよ」

「何が違うんだ」

「いや、だって、クリスはすごい人だし、やっぱり才能あったってことでしょ？」

「クリスも最初は凡人だったじゃねーか」

「で、でも、映画とか、ロールプレイングゲームみたいには、
現実は、そんなにうまくいくはずないじゃないですか」

「おいコイケ、今、おまえは『そんなにうまくいくはずがない』って言ったな？

映画の不幸度、どん底度、人生ゲームの難易度上げたけど、いいんだな？」

「え……」

「いいか、よく聞け。

人生なんざ、映画とかゲームの世界そのものなんだよ、ボケが」

「そんなにうまくいくはずない」口ぐせは禁止！

人間の一生は、映画の中のものがたりと同じだ。決まっているエンディングに向けてプレイするのだから、ハッピーエンドを設定すれば必ずハッピーエンドになる。

人生とは、映画の中の世界をとことん楽しむことだ。困難に立ち向かったり、敵を倒したりする過程を存分に楽しむこと。

実は地球は、とても特殊な場所である。行動という概念があるのは、宇宙全体でも、地球だけ。

というのも、宇宙という空間では、願いをかなえるのに、行動なんかいらない。「ハワイに行きたい」の「ハ」が頭に浮かんだ瞬間、目の前にはハワイの海が広がっているし「カレーが食べたい」の「カ」を思った瞬間、カレーが目の前にあるからな。

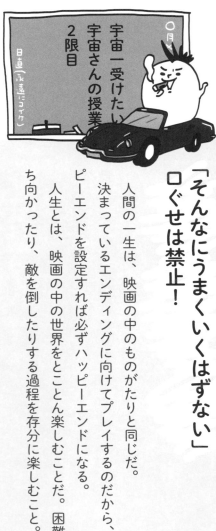

じゃあ、なんで地球みたいな場所があるのか。

それは、**宇宙じゃできない経験ができる場所**だからだ。

ひらめいた瞬間になんでも形になっている世界は、それが続くとそうおもしろくもない。宇宙に飽きた連中は「スリルを味わいたい」「体験したい」「行動したい」「達成感を味わいたい」って騒ぎ出した。

だから、宇宙はわざわざ地球をつくった。**わざわざ行動して、回り道してドラマティックなものがたりを楽しむ世界、それが地球だ。**

つまり、今地球にいるヤツ全員が、自分が主人公の映画の中で遊んでいる。

結果はオーダー済みなのだから、とにかくその過程を楽しみ、演じ、プレイすればいいだけだ。

まずは、映画のジャンルとエンディングを決めろ。

アクション映画でヒーローになるのか、とろけるような恋愛をしてハッピーになるのか。自分が主役の映画のキャッチコピーを決めるんだ。コイケなら、まあ「鼻水号泣のコイケ、奇跡の人生大逆転！」てなもんだな。

そして、キャッチコピーを決めたら、エンディングに向けてその役を全力で演じろ。

心配するな、途中がどんなに悲劇的なストーリーであっても、結果は決まっているんだから、安全だ。どんと構えてりゃいい。

ところが、だ。

「そんなにうまくいくはずがない」と言っている人間には、あまりにも悲劇的なストーリーが用意されたり、敵がアホみたいに強くなったりする。いや、そもそも、バッドエンドを設定してしまうことになりかねん。

なぜなら、それが映画へのオーダーだからだ。シナリオだからだ。

人生も同じだ。

宇宙にオーダーしたら、結果は決まっているっていうのに、なぜそこだけは頑《かたく》なに「そんなにうまくはいかない」と決め、わざわざ悲劇にする？　難易度10に設定したがる？

いくら、地球が行動を楽しむ場所だからって、そこまで極端にどん底を味わって不幸を嘆いているのを見ると、オイオイ、ドMすぎだろって思うわけよ。

ま、宇宙ってところは、法則に基づいて、私情やら情状酌量やらを挟むことなく、その人が口にすることをひたすら増幅するだけの場所だ。「イヤー　やめて〜！」と叫ぼうが、そいつの前提が「不幸大好き」である限り、どこまでもドSに攻めてくる。ま、とことんそれを楽しんでくれるドMなヤツ、オレは嫌いじゃないんだけどな。

ほらっ
飛べって!!
あっ?
飛べねーなら
泳げっての!!
おっとアリゲーター♪

今目の前にある世界は、やっぱり自分がつくったものだった！

「人生は映画と一緒……かぁ」

数日後、僕は、お客さんの来ない店で、ため息まじりにつぶやいていました。

「僕が主人公なら、現状どん底。これから何かをきっかけに、人生大逆転……ってなっていくわけだよね」

ふと僕は、現状を映画のあらすじにしてみることを思いつき、チラシの裏にあらすじを書いてみることにしたのです。

「田舎《いなか》育ちのヒロシは、高校生でロックに目覚めた。

同時に、ロックテイストな洋服にも魅せられて、某有名ファッションブランドで店員をするも、自分の服にお金がかかりすぎて借金が増える。

工場で仕事をして返済し、今度は、都会に憧れて上京したものの、やっぱり故郷でひと旗揚げようと田舎に帰る、と。

自分の洋服の店を持ちたいという夢をあきらめきれず、7年かけてお金を貯め、アパレルショップを開店……か」

改めて振り返ってみると、僕がアパレルショップを始めたきっかけは、

「洋服が好きだから、洋服の仕事したい！」

「自分のセレクトショップが持てたら超かっこいい！」

「自分が考えたオリジナルのブランド売りたい！」

という、半ば夢心地。

まさに、忌野清志郎の「デイ・ドリーム・ビリーバー」。

もちろん、アパレル業界にいたら、誰もが、セレクトショップや店のオーナーに憧れるけれど、僕は残念ながら、お客様のことを考えた店づくりや商品選びじゃなく、あくまでも、自己満足の域だったな……。

「ずっと夢を見て安心してた、ら、借金が膨れ上がって、パートナーと離別して、目が覚めたら人生のどん底……って、いったい、どんだけのオチ？」

世界一不幸な自分は、結局、完全に、僕のひとり相撲《ずもう》だったわけです。

そのことに気づいた僕は、狼狽《ろうばい》しました。

「僕の責任かぁ……僕のせいだよなぁ……」

これまでの人生のストーリーを、映画のシナリオのように書き出していくうちに僕は人生を客観的に見つめはじめたのでした。

同時に、これまで僕は、自分で自分の人生の責任を取ってこなかったことに気づき、自分をどん底に突き落として「もうダメだ」と放棄しつづけてきたことと向き合わなくてはならなくなったのです。

そう、今をつくり出していたのは僕自身。

誰のせいでもなく、僕が生み出した現実。

この事実を受け止めるのは、正直、とても苦しいことでした。

「じゃあ、僕はこの映画をどんなハッピーエンドにしたいんだろう」

僕はまた、チラシの裏に、ストーリーの続きを書きはじめました。

「ある日、変なドSの宇宙さんに出会い、宇宙への願望オーダー法を習得。そこから人生が大きく好転し、借金を返済。幸せを手にした男の人生大逆転物語！」

そう書き出してみると、不思議とそれまで借金に対して感じていた恐怖心や不安が少しだけ薄れ、体の中にエネルギーが湧き出てくるのを感じました。

「よし……」

そして、冷静に自分の状況について考えはじめたのです。

《今、僕は36歳だ。
いきなり会社員に戻っても、
2000万円の借金は返せない。
そもそも、転職に有利な資格があるわけでもない、
経験があるわけでもない。
とはいえ、他の事業を今から始めるには、
資金がないわけだから、
今の店の売り上げを伸ばす方法を考えたほうがいい》

そこで僕は、店に置く商品について、じっくりと検討しはじめたのです。

アパレル業界は委託販売ではなく買取が基本なので、負債を出さないようにするためには1枚も売れ残らないようにすることが大切でした。

売れ残らない仕入れ。売り切れる販売。

そのために、僕がまずやったのは、なんでも取り揃《そろ》えるのではなく、お客様がほしいと思う商品を、サイズや色、柄を熟考し、厳選して仕入れることでした。

結果、メーカーさんから、

「小池さんの仕入れ方は独特ですね」

と言われるようになりました。

お客様の好み、動向をじっくりと観察し、情報として把握した上で、必要とされているものだけを、置くようにしてみました。

そうすると、少しずつ売れ残らないシーズンが出てくるようになり、自分なりの「売れ残らないメソッド」が見えてきたのでした。

結果が出ると、さらに工夫をしたくなるもので、お金をかけずにお店をかっこよくするにはどうすればいいのかを考えて、店内のディスプレイを変えたり、低コストで、お客様が望む商品が開発できないか考えたり、実行できることをひとつずつ増やしていきました。

「本当に、映画のストーリーみたいだなぁ」

ある夜、閉店後の掃除をしながらつぶやいた僕に、宇宙さんはこう言いました。

「だろ？　ひとつずつやることやってりゃ、怖がることなんかひとつもねーんだよ」

宇宙からのヒントは最初の0・5秒に込められている、つかんだ瞬間に動け！

しばらくたった、ある日のこと。

テレビを見ている僕に、宇宙さんがなんの脈絡もなくこう言いました。

「おいコイケ！　おまえがつけているソレなんだけどよ！」

「え？　どれ？　これ？」

宇宙さんが指差したもの、それは、僕が腕につけていたブレスレットでした。

お金が入ってくる石と言われているタイガーアイというパワーストーンのブレスレットです。

「これがどうかしましたか？」

「それ、効果あんの？」

「え？」

僕は自分の腕で輝いている石を見つめました。

言われてみれば、もともと、お金が貯まる石と言われているからつけていたパワーストーンでしたが、特別よいことがあったわけでも、借金が減ったわけでも、お客が増えたわけでもありません。

「うーん、正直、別に効果はなかったのかも」

「調べろ」

「は？」

「なんで効果がなかったのか調べろって言ってんだよ。

オレが言ったことは絶対！

オレが言ったことは全部大事なヒント！　０・５秒って言ったろ？　ヒントは。そこからあれこれ考えるな！　実行するんだよ！　動くんだよ！」

「は……はい」

「確かになぁ」

その夜、僕は、パワーストーンブレスをしげしげと眺めながら考えていました。

《これだけたくさんの人が身につけているパワーストーンだけど、これって、本当に効果があるんだろうか。効果があるとしたら、なぜ僕には効果がなかったんだろう》

そう思いながら、パソコンを立ち上げ、僕は「パワーストーン」「効果」などのキーワードで調べてみました。すると、いくつかのサイトの情報から、石はエネルギーそのものであって、石と人にも相性があるのだ、とあります。

《石と人の相性、かぁ》

僕はだんだんパワーストーンに興味が湧いてきて、書籍や文献を調べていきました。

そして、その物質が、自分に合った物質かどうかを調べるための、オーリングテストという方法があると知るに至ります。

オーリングテストというのは、アメリカ在住の日本人医師が考案した代替医療だそうで、薬がその人に合っているのかどうかを、薬に触れたときの身体反応で確認するものです。

利き腕の親指と人差し指で輪をつくり、反対側の手の平に、薬や食べ物などを載せてから、輪にした親指と人差し指を誰かが引っ張る。

載せたものが体に必要なものであったり、よいものであったりすると、親指と人差し指は閉じたまま開かないのですが、自分に必要でなかったり、害を与えるものだと、簡単に開いてしまいます。その反応で、その人に合っているのかを確認するというものです。

《もしかして、パワーストーンが自分に合っているかどうかも、これでチェックできるんじゃないかな》

そう思った僕は、ひとりでオーリングテストができる方法を調べ、身につけていたタイガーアイで試してみたのです。

結果は、見事に惨敗。

お金や成功を意味するタイガーアイを身につけていたのに、僕はその石を身につけるとエネルギーが弱まってしまうことがわかりました。

そこで、オーリングテストを用いて、自分に合う石を探していくと、いくつかの石が僕の波長に合っていることがわかったのです。

それは、ルチルクオーツというお金を呼び込む石など数種類。

その数種類を使って、パワーストーンブレスをつくり直し、腕につけてから、再度オーリングテストをすると、強力な反応を示しました。

《そうか、石の効能で選ぶんじゃなくて、今の僕に合っているエネルギーを身につけるのが、正しいパワーストーンの選び方なのかもな》

新しいパワーストーンブレスレットを身につけると、なんだか力が湧いてくるような気がしました。

パワーストーンブレスレットそのものの力というよりは「自分に合ったものを身に

つけている、じゃあ、僕はもう大丈夫だ」という感覚、信頼が、そういう気持ちを生み出したのではないかと思うんです。

翌日、めずらしく母から電話がかかってきました。

「ヒロシ、さっき銀行から電話があってね……銀行にあんたの口座があって、ずっと放置されているからどうするかって」

「え？　そんな口座あったっけ？」

まったく記憶にもないその口座。

《どうせ入ってても、数百円だろう》

そう思って銀行に行ってみると、なんと、数万円が入っているではありませんか。

当時は食費をぎりぎりまで切り詰めるほど苦しい時期でしたから、臨時収入はまさに神の助け。僕はすぐにそのお金を下ろして借金返済に充てました。

その小さな奇跡はそこでは終わらなかったんです。

その翌日、今度は、兄が店を訪ねてきました。

「ちょっと書類書くの手伝ってほしいんだ」

兄の書類づくりを手伝ったところ、

「そういえば、開店のお祝い、何もしてなかったなぁ」と、言いながら、兄が10万円をくれたんです。

《え？　何これ。もしかして、パワーストーンの効果？》

半信半疑ながらも、次々と起きるラッキーな臨時収入に、僕の期待は高まっていきます。


さらに、さらにその数日後――。

突然、まったくこれまで関わりのなかった洋服メーカーさんが営業に訪ねてきてこう言うではありませんか。

「うちの服も置いていただけませんか？」

見せてもらうと、今ちょうど店に入れたかった服そのものでした。

でも、借金まみれの僕にはお金がありません。

どうしようか迷っていたら、その営業マンがこう言ったのです。

「お代は、来月末でいいです。入荷商品の半分ずつ、払っていただければいいので」

まさに、神様のような申し出です。

さっそく仕入れると、そのメーカーの服はすぐに売れ、翌月の支払いに困ることはありませんでした。

そして、そのメーカーの服は僕の店の人気商品となり、売り上げは少しずつ上がっていきました。

その話を親しい友人にしたところ「僕もつくってほしい」と言われ、ブレスレットをつくると、彼にも臨時収入が。彼が友人に話し、そこからまたハッピーなことが起こり……少しずつ少しずつ、ブレスレットの依頼が増えていったのです。

僕は宇宙さんにこう言いました。

「宇宙さんからのヒントをもとに、行動したら、なんだか、新しい世界が動き出した感じがする！」

「ほぉ、コイケもちょろっとわかってきやがったな」

宝くじは「当たりたいヤツが当たる」、宇宙が起こす奇跡に〝定員〟はない！

ある日、テレビを見ていた僕の目に飛び込んできたのは、世にもうらやましいお金持ちの暮らしでした。ファーストクラスにしか乗ったことのないセレブ、東京の一等地に立つ豪邸や海外の別荘など、想像もつかない生活に、僕は思わずため息をつきました。

「日本で、年収1億の人の割合、0・027％かあ……」

「そんな定員なんかねーぞ」

「わっ！」

そのとき、僕とテレビとの間に割り込むように、宇宙さんが現れました。

「急に現れないでくださいよ、驚くじゃないですか」

「は？　驚くのはこっちだ。

なんだよ、その億万長者の割合っつーのはよ！」

「日本で年収1億の人の割合が0・027％だって話ですよ」

「誰が決めたんだ、バカやろう」

「いや、誰が決めたとかじゃなくて、成功する人間はひと握りだな〜って」

「だから、誰がそう言ってんの？　ああ？」

「誰って……」

「宇宙には、〝奇跡〟が在庫過多だってのに、
人間め、勝手に決めやがって」

「え、宇宙さん怒ってるんですか？」

「怒らずにやってられっかよ！

だいたい、奇跡なんか、いくらでも起きるし、
定員なんかねーんだよ！」

「えーっと、でも、定員はありますよね？

たとえば、求人にだって募集人数あるし、宝くじの1等は1本だけだし」

「あぁぁ、おまえは本当に、わかってない！

求人の募集人数も宝くじも、
おまえがひとり当選すればいいんだったら、定員1で十分じゃねーか！

定員がたとえば10人とか、100人と書いてあれば、
自分が当選する確率が上がるとでも思ってんの？」
「そりゃ思ってますよ。1億分の1、と、1億分の100は違うでしょ。入試だって、
定員が1のところよりも、40のところのほうが入りやすいわけでしょう？」
「それはおまえが、結果を決めてないからだろうが。
おまえひとりが当選すれば、おまえひとりが合格すれば、いいんだよ。
おまえさえ決めれば、そこは定員が1だろうと50だろうと、関係ない」
「結果を決めたら、必ずそのとおりになるんですか？」
「そうだって、何度も言ってるじゃねーか。
年収1億も、世界一周も、ちゃんとオーダーさえしてくれれば、
全人類分ぐらいかなえてやるわ。
そもそも、それぞれが、それぞれの宇宙を自由につくっているわけだから、
オーダーにキャパシティなんかないんだよ」
「ホントに奇跡が在庫過多なら、もっとたくさんの人に奇跡を起こしてくださいよ。
僕だって年収1億円に……」

「なればいいじゃないか」

「は？」

「だから、オーダーすればいいじゃねぇか。決めて、オーダーするんだよ。

宇宙はいつでもオーダーどおりにかなえてるってのに、

『かなっていない』って文句を言いながら、
さらに『やっぱりダメだ』ってオーダーするのは人間じゃねぇか！

人間は、宇宙に疑いの目ばかり向けるが、ちょっとぐらい、

『そういうこともあるかもね』って無条件に受け入れて、つぶやいてみろよ。

別にそれで損するわけじゃなし、
なんでそんな頑なに奇跡を否定するのか、オレにはさっぱりわからんね」

なんだかその日の宇宙さんはいつもよりドSで、怒ったままふて寝してしまったのでした。

「ありがとう」を5万回言った僕に起きた驚きの「ピカー体験」

「宇宙に定員はない。奇跡はいくらでも起きる」

それが本当ならば……と、

僕は宇宙さんにこうたずねてみたんです。

「もっともっと、早く借金を返すヒントって、何かありませんか?」

昼寝をしていた宇宙さんは、片目をかったるそうに開けてから、こう言いました。

「うるせぇ! オレは今昼寝中なんだよ!」

宇宙さんはそう言って、見向きもしません。

「お、教えてくれたっていいじゃないですか！　そのためにあなたは僕のところに来たんでしょう？」

「オレを起こすんじゃねぇ！　コイケの分際で！」

宇宙さんは怒って、そのへんにあるものをまき散らしたあと「あーあ、散らかっちゃったじゃねぇか。片づけとけよコイケ」と言いながら、抱き枕を抱えていびきをかきはじめました。

僕は途方にくれながら、しかたなく片づけはじめたのですが、

「……あれ？　これ……」

床に転がっていたのは、半年ほど前に僕が買った本でした。

すでに借金まみれだった僕が、藁《わら》にもすがる気持ちで本屋さんに入り、手に取った本。読んでみたものの、当時の僕の頭にはまったく入ってこなかった本。

無理やり読み進めて、バカらしい！　とつぶやいた本でした。

なぜならそこには

「ありがとうを5万回言えば、人生が変わる」と書かれていたからです。

《ありがとう5万回だって!? そんな簡単なことで人生変わるなら、
誰だって変わるじゃないか》

「……本代損したな」
その本を、部屋の片隅にポイッと放り投げ、
それから半年ほどがたち、
買ったことすらも忘れていたのでした。

その本をパラパラとめくってみると、半年前に「意味がわからねえ」とつぶやいたことが信じられないほど、大波のように僕の中に本の言葉が飛び込んできました。
同じ本とは思えないほど、僕はその本を一気に読み進めました。

「ありがとうを5万回……かぁ」

そうつぶやいた僕の目は

半年前とは別物だったのかもしれません。
片目を開けた宇宙さんが面倒くさそうにこう言いました。

「どうせヒマなんだろ？　やれよ」

《確かに、お客さんも来ないし、
どうせやることもない。
だったらありがとう5万回、
言ってみるか》

その日から僕は、異常なまでに「ありがとう」をつぶやきはじめました。店を開けてから閉店するまで、お客様がいない間はずっとずっと、「ありがとう」とつぶやきつづけたのです。

何に対してかは考えず、とにかく一心につぶやきます。10回唱えたら指を1本折り、100回唱えたら、ノートに正の字を。

1日7000回はつぶやいていました。

1か月半ほどたったある日突然、その瞬間が訪れました。

突然、僕の頭の中に、映像が飛び込んできました。それは米の籾殻《もみがら》のようなものでした。胸の奥、心の中心にある籾殻がパラパラパラパラと落ち、中から輝く白いものが現れるというイメージでした。

「は？　米？」

「誰が米だって？　このコイケが！」

「は？」

ビカ――――!!

「ピカ」じゃないんです。「ピカー」じゃ足りないほど「ビッカビカ！」に輝くその真ん中に、なんと……

あれ、宇宙さん??

僕が宇宙とつながったと確信した瞬間でした。
なんというか、自分の中の魂なのか、本質なのか、ソースというものなのか、とに

かく、宇宙とつながっている、はじめての感覚でした。

そこからです。洋服とブレスレットがそれまでより売れるようになったのは。

「ありがとう」という言葉には力がある。

僕はそう実感せざるをえませんでした。

ただ、あまりにもシンプルすぎるしくみに拍子抜けした僕は、宇宙さんにこうたずねました。

「『ありがとぅ』で人生変わるんだったら、誰だって幸せになれるってことですよね。なんか拍子抜けしちゃうというか」

「あ、の、な、拍子抜けと言うが、だったらなぜ、おまえ今までやらなかったんだ」

「いやだって、ありがとうなんて、簡単すぎて、そんなんで人生が変わるなんて、思わなかったし」

「はぁ？　あたりまえだったら、もっと宇宙は忙しくなって、奇跡ばっかり起こしてるっつーの！

毎日『ありがとう』を唱えつづける人間が、おまえの周りにあたりまえにいたか？　ええ？」

「い、い、いません」

「誰もやらねーってことは、これこそ、奇跡の口ぐせじゃねーのかよ」

「……」

「コイケのように、オレのことを忘れてしまったうえに、潜在意識のパイプが詰まって細くなっているヤツは、ありがとうの力を信じて、何千回、何万回とつぶやいてパイプをクリーニングしなきゃならないんだよ」

「潜在意識？　クリーニング？」

「奇跡のありがとう口ぐせ」を1日500回言え！

いいかコイケ。人間の意識っていうのは、宇宙とつながってるんだ。

この顕在意識っていうのが、普段、人間が自分の小さな思考回路で考えている小さな意識。

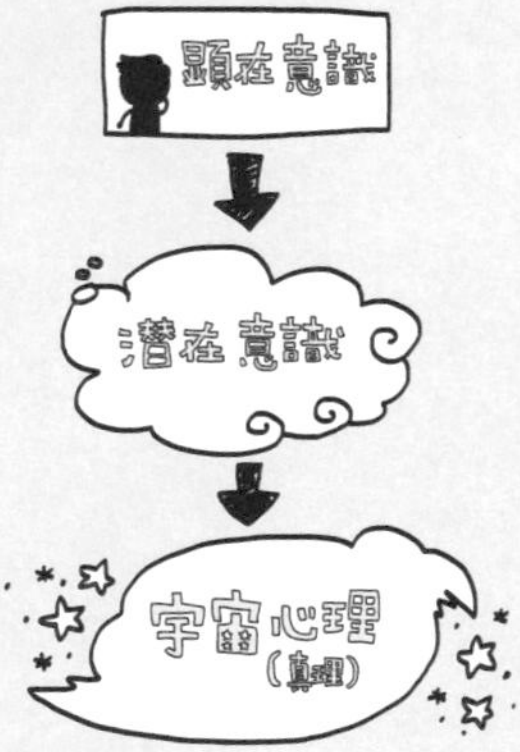

その先にある潜在意識には、顕在意識の6万倍の容量がある。

が、長い年月にわたって自分に対してネガティブな言葉を発しつづけると、願いをオーダーするのに必要な宇宙パイプに、ネガティブなエネルギーが流れ込んでボロボロになる。

オーダーの通り道が徐々に細くなり、宇宙へのオーダーが通りづらくなってしまうんだ。

コイケの潜在意識も、自分自身にかけてきたネガティブな言葉でボロボロになり、宇宙パイプもドロドロになっていたわけだ。

ドロドロになったパイプでも、生きている限りは完全に詰まってしまうわけではない。針の穴ほどは宇宙とつながっている。それが生きているってことだからだ。

だから、オーダーも通りはするが、願いが宇宙に届くまで時間がかかるし、数も多くは届かない。

さらに、詰まってしまった宇宙パイプは、ヒントが通りづらい。せっかく結果を決めてオーダーしても、オーダーをかなえるためのヒントを受け取りづらいってことだ。

で、「せっかくオーダーしたのに、ヒントが来なかった」とあきらめる。人間ってのは本当にあきらめ好きの、言い訳好きのドMだからな。

宇宙へのオーダーを正しく通すためには、まず、これまでつぶやいてきたネガティブな言葉の分だけ『ありがとう』を言い、いい言葉で中和して、潜在意識を正常な状態に戻す必要がある。

「ありがとう」っていう言葉には、心身に溜《た》まったネガティブなエネルギーをポジティブなエネルギーに変える力があるってことだ。

マイナスのエネルギーが中和され、宇宙パイプがキレイになって、ポジティブなエネルギーが満ちはじめるとき、宇宙とつながった感覚になれるんだ。

ありがとう5万回で
人生変わるなら
誰でも幸せに
なれるじゃないか…
なれるけど
誰もやらない
だろ!! コイケ!!

人生を好転させる秘儀、「潜在意識と相思相愛になる法」

「ありがとう、ありがとう、ありがとう、ありがとう、ありがとう」

それからも僕は、毎日のように、お客さんがいないとき、お風呂の中で、寝る前に「ありがとう」をつぶやきつづけました。

ある日、宇宙さんが、突然現れてこう言います。

「おまえ、応用が利かないヤツだなあ」

「応用？」

「『ありがとう』に『愛してる』を足してみろ。
面白いことが起きるから」

そう言って、宇宙さんは、悪そうな顔でニヤリと笑って、泉の中に姿を消しました。

その日から、僕の「ありがとう」に「愛してる」が加わりました。

なんとか口にする数を増やそうとするうちに、僕はいい方法を思いつきました。

歩いているときに、右足を出したら「ありがとう」、左足を出したら「愛してる」と常に唱えるようにしました。これなら、体の動きと相まって、リズムよくラクに言いつづけることができます。

それから、1か月ほどたったころ、僕は不思議な夢を見たのです。

僕が、僕に向かって「ありがとう」「愛してる」とひたすら語りかけています。語りかけられている僕は、声をかける僕に背中を向け、膝を抱いて座っています。

「ありがとう、愛してる」と語りかける僕。

でも、膝を抱いているほうの僕は、

「そんなの信じない」

と言いつづけています。それでも「ありがとう、愛してる」と言いつづける僕。

「だって、これまで、僕のことを無視しつづけたじゃないか」

そう、座り込んでいる僕は言います。それでも、「ありがとう、愛してる」を語りつづける僕。そのうち、座り込んだ僕は、顔を上げて、もうひとりの僕に向きました。

「……本当？　……今度は本気なの？」

問いかけには答えずに、僕はひたすら「ありがとう、愛してる」を畳みかけます。

「本当に？　本当の本当に??」

それまで顔も見せなかった僕の目が、もうひとりの僕を見つめて、キラキラ輝きはじめます。

さらに「ありがとう、愛してる」とつぶやきつづけると、もうひとりの僕が、突然堰《せき》を切ったようにボロボロと涙を流しはじめ、嗚咽《おえつ》を上げはじめたのです。

「ぼ、僕も愛してるよー！！！！」

座り込んでいた僕が泣きながらそう言った瞬間、僕と僕は、駆け寄り抱き合いました。

「僕もだよ！　今までごめんね、君の存在を無視しつづけて！　可能性を信じてあげなくてごめんね。ありがとう！　愛してるよ！！！」

「う、うわ～ん。ずっとそう言ってもらいたかった。
ずっと待ってたんだよ。ありがとう！　愛してるよ！」

とても変な夢を見たはずなのに、目覚めた僕の心はなぜかとても穏やかでした。その日のジョギングで僕は、目に映るすべてのものに「ありがとう」「愛してる」と伝えながら走りました。

あ、もちろん、人とすれ違うときは、心の中で唱えてましたよ。さすがに、頭がおかしな人だと思われちゃいますから。

「鳥さんありがとう〜！　今日も愛してるよ〜」

そうつぶやきながら走っている僕を見て、宇宙さんがニヤリと笑いました。

「おまえ、昨日どんな夢見た？」

「愛してるってつぶやくようになったら、
もうひとりの僕が、僕を信じてくれるっていう夢を見たんです。

これってどういう意味があるんでしょうか」

「それは夢じゃねぇよ。

おまえの潜在意識と顕在意識が会話してたんだ。

おまえに意識があるときは、顕在意識がおまえの思考を支配していて
潜在意識とは自由に会話できないからな」
「潜在意識と顕在意識が？」
「そう、『愛してる』には、潜在意識と顕在意識を結びつける力があるんだ。
これまでおまえは、自分に対して、否定的な、
カスのような言葉しか使ってこなかっただろう？」
「カ、カスってまた……」

『客は来ない』『借金は返せない』『どうせ僕はダメだ』は、
自分はカスだって言っているようなもんだろう？
そう言っているのが顕在意識のおまえだ。
表っ側の6万分の1の、薄っぺらいコイケな」
「6万分の1？」
「そうだ、表っ側の顕在意識には、
潜在意識の6万分の1しかエネルギーはない。
ただし、言葉には強力な力があるからな。
顕在意識が吐いた言葉のせいで、
おまえの潜在意識は完全に、うつになっちまってたんだよ」
「潜在意識がうつに!?」
「そう、心理学でよくいう『トラウマ』ってやつだ。
あまりにも自分に対して、言葉いじめを繰り返してきたんだから、
そりゃ、トラウマにもなるだろうよ。
だが、コイケが『ありがとう』をつぶやくごとに、

これまでに自分に対してつぶやいたネガティブな言葉が
ひとつずつ消えていくわけだ。
そうすると、今まで、暗いニートになってた潜在意識が少しずつ元気になり、
おまえのことを信用しはじめる。
そして、これまで自分に言ったネガティブな言葉の数を
『ありがとう』が上回ったときに、はじめて潜在意識が顕在意識と一体化して、
信頼のタッグを組むことができるっちゅうわけだ。
コイケは『ありがとう』で、宇宙パイプをクリーニングしただろう?
そして『愛してる』で、潜在意識と顕在意識が相思相愛になった。
今、どんな気分だ?」
「そうですね、なんだか、とても、地に足がついた気分です」
「潜在意識うつから脱出、一丁あがりだ。
これで、コイケ、おまえのオーダー力は
6万倍だ」
そう言って宇宙さんは宙返りしながら、いつもより優しげな顔をしたように見えた

けれど、

「おい、オレのおかげだ。

ほら、感謝しろよ、カス野郎」

ドSなところは変わっていませんでした。

オーダー力を6万倍にする宇宙さん直伝「プチ奇跡ごっこ」

「よーし、オーダー力が6万倍になったところで、特訓だコイケ！」

「え？　と、特訓ですか？」

「そうだ！　おまえは、不幸を呼び寄せすぎているからな」

「不幸を呼び寄せ……いや、まあ、そうですけど」

「不幸体質！　性格が不幸！

これを改善するには方法がある。

オーダー力が6万倍になったことを実感するのが一番だ」

「ど、どうやるんですか？」

「何か、ちょっとしたオーダーをしろ！　なんでもいい」

「え？　ちょっとしたオーダー？　急に言われても」

「じゃあ、好きな色は？」

「え……黄色かな」

「じゃあ、好きな数字は？」

「うーん、1」

「好きな車は？」

「ビートル、かな」

「よし、それが、オーダーだな。街に出かけるぞ」

「は？」


僕はよくわからないままに、宇宙さんと街へと出かけることになりました。

車を走らせ、仙台の中心街へ向かうその途中のことでした。

「おいコラ！　コイケ！　おまえの目は節穴か！」

「は？　なんですか突然」

「前見ろ前！」

「前？　見てますけど」

「そうじゃない！　前の車！」

「あ！　ビ、ビートル!!」

「それだけじゃないぞ！」

「へ？　あ！！！　ナンバーが1111だ！」

「車の色はなんだ？」

「き……黄色だ……何これ、すげー」

「オレがオーダーを届けてやったおかげだ！　感謝しろ！」

「あ、ありがとうございます！」


その日1日で、小さな奇跡はいくつも起こりました。

黄色い服を着た人とすれ違い、時計を見れば11時11分。

友人から飲みに行こうと誘われた場所が「ビートル」というお店で、そこには黄色いビートルの模型が飾られていたのです。

「そっか、オーダーすると、それが目の前に出現するようになるんだなぁ」

それから僕は、宇宙さんの特訓を受け、毎日毎日、小さなオーダーがかなっていく、いわゆる成功体験を重ねていったのでした。

「本当に借金返せるかも」

なんの根拠もなく、そう思えるようになっていったのは、6万倍のオーダー力を体感したから。

口にしたこと、思考が現実化する……さまざま自己啓発本で語られていることを僕は、身をもって体験し、習得するためにさらに練習を重ねるのでした。

願いをかなえられるのは、「タイムラグ」を超えられたヤツだけ！

宇宙さんに出会ったころにくらべ、僕はずいぶんと元気になっていましたが、元金2000万、銀行以外の高利で借りているところも数社ありましたから、10年計画を粛々と続けていく必要がありました。

国金、銀行、消費者金融、ヤミ金、数社から借り入れをしていた僕は、借金の返済だけでも、一番多いときで月に40万円ほど。それに、仕入れや店舗の家賃、家の家賃、生活費……なかなかに苦しい生活であることには変わりありませんでした。

ある日、宇宙さんがいる前でこうつぶやきました。

「オーダーでなんでもかなうなら、

『今すぐ借金が消える』っていうオーダーをしたら消えてくれるのかなぁ」


「……おい、カツ丼食いに行くぞ」


「え？」

宇宙さんの突然の提案で、僕たちは、カツ丼のチェーン店へとやってきました。

「おにーさーん！　オーダーお願い！　カツ丼10杯」

「は？　何言ってるんですか！

そんなに食べられないでしょ？　払うのは僕ですよ？」

「いーから黙って待ってろ！

おにーさーん！

……あ、オレ、見えないんだった。

おい、コイケ、カツ丼10杯頼め！」

「え、絶対イヤですよ」

「頼めったら頼め！

おまえ、オレからのヒントはなんでも実行するって言ったよな？」

僕はかなり怪しまれながらもイヤイヤ注文すると、しばらくすると、カツ丼が出てきました。

当然、店員さんは怪訝《けげん》そうな顔をしていますが、しかたがありません。

宇宙さんはというと、してやったり、という顔をして、ニヤニヤ笑っています。

「僕、冷やし中華が食べたかったんですけど」

「じゃあまずカツ丼を食え！」

「え？　自分が食べたいんじゃないの？

しかも『じゃあ』ってなんですか？」

「これを全部食べない限り、冷やし中華は出てこねぇんだよ！」

「そ、そんなのあたりまえじゃないですか！

10杯オーダーしろって言ったのは宇宙さんですよ？」

「そうだ！　あたりまえだ！

おまえのオーダーは

このカツ丼と一緒だ！

不幸な人生を長年オーダーしてきたんだから、その分、不幸な人生がかなっているわけだ。

そして、おまえは今やっと冷やし中華を注文しようとしている。が、今まで頼んだカツ丼が目の前から消えて冷やし中華が出てくるにはタイムラグがあるんだよ！」


「タイムラグ？」

「よっしゃ来た！　タイムラグ！」と唱えれば「かなわないかも」に打ち勝てる

宇宙が、おまえの口ぐせのエネルギーを増幅させて、願いをかなえているのだということはこれまで言ったとおりだ。

口ぐせっていうのは、そいつの潜在意識が信じきっている「前提」があるからこそポロッと口から出る言葉ってこと。

「お金がない」も前提。
「お金がある」も前提。

これらの心の前提は、それはそのままオーダーとなって宇宙に伝わり、オーダーしたとおりに、かなっていく。

つまり、コイケが信じているものが、今目の前に現れているモノ、コト、ヒトっちゅうことだ。

コイケはこれまで、ものすごい数の「借金返せない」「オレってダメだ」「もう人生終わった」をオーダーしてきた。

その数、うーん、そうだな、ザッと5万回か？

そう「お金がない」っていうのがこれまでのコイケの前提。つまりカツ丼オーダーだ。

そして口ぐせを使って書き換えようとしているのが「お金がある」っていう前提。そう、冷やし中華オーダーな。

コイケは「借金返済して幸せになる」と宣言し、オーダーしたから、すぐに冷やし中華が出てきてほしいと思う単純な軽い頭をしているが、これまでオーダーしたカツ丼がいきなり消えてなくなるわけじゃない。

新しい口ぐせを身につけ、コイケの潜在意識が新しい前提を受け入れるまでには時間がかかる。

そこにはタイムラグや修正現象が起きる。

これまでのオーダーが目の前に現れつつ、状況は変化し、以前のオーダーと新しいオーダーの間に立つ時がきて、そこから、やっと最新のオーダーが実現するってことだ。

その間に多くの人間が挫折するわけよ。

逆に言えば、ソコが勝負どころっちゅうことだ。

このタイムラグに負けて「もう、冷やし中華なんか出てこないんだ。もういらないよ」と言ったらどうなると思う？

せっかく冷やし中華オーダーが通りはじめていたのに、カツ丼オーダーに逆戻りだ。そして「やっぱり僕にはカツ丼しか出てこないんだ」と、またカツ丼をオーダーし直すから、いつまでたっても、目の前に出てくるのはカツ丼だけになってしまうんだ。

しかし、だ。

ここで、踏ん張って「カツ丼を食べてたら、冷やし中華が来る」と信じることができれば、カツ丼の後に必ず冷やし中華が出てくる。

素直に口ぐせをつぶやき、心の前提を書き換えはじめたヤツは、カツ丼と同時に冷やし中華が出てくるようになり、すぐに冷やし中華だけしか出てこなくなる。

これが宇宙の真理だ。

コイケが「今すぐに借金ゼロに」と願ったとしても、タイムラグは必ず発生するっていうことだ。

コイケがしなくてはならないのは、借金を返済した後の人生を思い描きながら「オーダーしたのだから、その時は必ずくる。もう近づいている」と信じ、タイムラグを消化していくことだ。

つまり、

冷やし中華を想像しながら、

嬉々としてカツ丼食えってことだ。

とにかく食え!!
うぷっ

オーダー後に起きるすべては緻密に計算された〝宇宙の采配〟

タイムラグのしくみを知った僕は、とにかく借金を減らし、幸せになることを信じ、日々働きつづけました。

ある日、宇宙さんがこんなことを言い出しました。

「コイケ、おまえ、体力ねぇなぁ……走れ！」

それから、毎朝5時起きのジョギングを始めていたのですが、それが借金返済にどんな効果があるのかは見当もつきませんでした。

ある冬の朝。僕は、眠さと寒さに負けて、なかなかベッドから出られずに、

「今日くらいさぼっていいよ。昨日もすごく寝たの遅かったし、寒いから風邪ひいちゃいそう」

そうつぶやいたときです。

「おいコイケ！
てめー、オレがやれっつったことを、
ブッチする気か！」

「うぁぁぁ、す、すみません、すみません。
やりますやります」

僕は慌ててベッドから飛び起きて、ジャージに着替え、顔を洗って歯を磨き、出かける準備を整えました。

ヨロヨロとアパートを抜け出して、トボトボ走りはじめると、

「おまえなー、
そんなつまんなそうに走ってたら、
かなうものもかなわんぞ」

「いや、だって、朝のジョギングが体にいいことぐらいは僕にだってわかりますよ。でも、早朝ジョギングって、多くの人が挫折する、上位3位ぐらいに入ることでしょう？　ジョギングをしたら、借金2000万円が完済されるわけじゃないし」

「そこ！　おまえ、問題はそこにあるんだよ！」

眠気と寒さにイラだった僕は、宇宙さんに言いました。

「だって、こんな寒い中、早朝からジョギングなんかさせられて！」

「てめー、オレになんて口ききやがる！　もういっぺん言ってみろ」

僕はちょっと我に返って言いました。

「あ、いえ、だって、じゃあ、ジョギングをしたら、借金完済できるんですか？

朝走ったからって、借金減らないでしょ」


「何言ってんだ？　あ？

走るから、借金減るんだよ」


「ええ？　な、なんで？　なんで？」

「だからおまえはバカだ、つってんだ。

おまえは、もう、借金返済をオーダーしている！

だから、何をやってもそれは借金返済へとつながっている」

「なんでも？」

「そう、なんでもだ」

「犬のうんこ踏んでもですか？」

「そうだと言ってるじゃないか！

オーダーした後に起きるすべては宇宙の采配で、すべてがオーダーをかなえるために起きているんだよ！

わからないヤツだなぁ。

ちょっと待ってろ！」

宇宙さんは、泉の中へと潜っていき、いつものように黒板を抱えて戻ってきました。

夜明けの歩道に設置して、モヒカン頭をぐしゃぐしゃと撫《な》でて黒髪七三へと変身し、語り出したのでした。

《コノヒト、どこにいても解説は、このセッティングなんだ……》

あらゆることを紐づけて「やった！　これで願いがかなったぞ！」と唱えろ

宇宙に願いをオーダーした瞬間、
オーダーを受けた宇宙はすぐに動き出している。
そして、その様子はオーダーした本人の目でも確認できる。
「え？　でも、今年年収1000万って願ったけど、
まだなんの収入もないよ？」
「理想の彼氏はまだ現れていません」
と思ったおまえ！
確かに、まだ、オーダーしたものは届いてないだろうよ。
しかし、オーダーした後、起きるすべてのことは、オーダー
したものが届くために起きている。

喫茶店で飲み物を注文したり、インターネットショップで何か注文したら、その裏側では、誰かがコーヒーを淹《い》れたり、ショップが出荷し配送業者が動き出す。

そして、その様子は、厨房を眺めたり、インターネットの配送状況ボタン押したりしてチェックできるよな？

それと同じことが、現実にも起こってる。

・偶然昔の友人に出会った
・上司に褒められた

というようなラッキーなこともだが、

・会社をクビになった
・彼氏に振られてしまった

というアンラッキーに見えることですら、すべて、宇宙の計算どおり。

「今の会社ではあなたは年収1000万円になれないから」

「今の彼氏では、幸せは手に入らないから」

宇宙には全部わかっていて、動いている。

そもそもな、

コイケがたった40年で得た、鼻クソ程度の経験・知識と、宇宙にある無限の情報量をくらべてんじゃねぇぞ!


想像もできない素晴らしい智慧《ちえ》や方法や、ソコにたどりつくための道筋なんて宇宙には無限にあるんだよ。

どんなことが起きるのか。どうやって、目標達成までつなげていくのかは、宇宙が考えることで、人間が考えることではない。

じゃあ、人間にできることは何か。

それは、宇宙の演出を受け入れて、素直に行動し、言葉の力を最大限に生かしてオーダーの力を強めることだ。

オーダーの力を強めるとはどういうことか。

まず何よりも、宇宙の力を信頼していることを示すこと。

「これって意味があるのかなぁ」なんて、薄っぺらい顕在意識で考えて、いちいち立ち止まるんじゃやねぇ！

俺が走れって言ったら、とにかく走るんだよ！


そして、今から起きるすべてのことに対して、こう言え！


「やった！

これで願いがかなったぞ」


宇宙へオーダーしたら、その後、とにかく、起きるすべてのことに対して、この「紐《ひも》づけ口ぐせ」をつぶやく。

ポイントは、どんな状況に陥ったとしても、使うこと。そう、たとえ恋人に振られても、いきなり店が倒産しても、仕事で失敗したり、思いがけないつらいことが起こっても、「やった！　これで願いがかなった」と、心から信じて、言わなくてはならない。

理由は簡単だ。

宇宙は、非常にドラマティックで繊細な感性を持っている。

そして、オーダーが本心かどうかを常に試そうとする。

ここでもし、オーダーした本人が

「なんでオーダーしたのにこんなことが起きるんだ！」

と言ってしまうと、どうなるか。

宇宙への強い猜疑心《さいぎ》が宇宙に伝わり、オーダーを信じていないという強い意志が伝えられてしまう。

さらに、

「僕はもうダメだ！」

「結局、僕に借金は返せない」

とつぶやいてしまったとしよう。

「僕はもうダメだ」「僕に借金は返せない」というオーダーが積み重なって、目の前にはかなわない現実だけが次々と生まれる。

逆に、コイケが本当に心から「やった！これで願いがかなったぞ！」と言いつづけることができたなら、その言葉を1回言うごとに、オーダーを重ねることになり、どんどんオーダーの力が強くなり、かなう速度が増すことになる。

なぜなら、宇宙も、愛と信頼を寄せてくれる者の願いをかなえたいからだ。

すべてのエネルギーは、その存在を信じてもらえてこそ力を発揮する。

だからこそ、宇宙の存在を認め、信じ、愛することができれば、願いなんてじゃんじゃんかなっちまうわけだ。

鳥のフンが落ちてくる
財布なくす
電車止まる
信号が赤ばかり
犬のうんち踏んだ
やった!!これで
願いがかなったぞ!!

どうしても人の心を動かしたいときは「秘伝のビーム」を眉間に打て！

それからというもの、僕は、朝のジョギングが楽しくてしかたがなくなり、朝早く起きることが苦ではなくなりました。

不思議なもので、ジョギングをするために朝起きたとき、ジョギングを終えて帰るとき、「やった！　これで願いがかなったぞ」とつぶやくだけで、その日1日いいことが起きる気がするようになりました。

そして、お客さんがたくさん来ると、

「あ、やっぱり、今日ジョギングしたおかげだ！　やった！　これで願いがかなったぞ！」

とつぶやき、

お客さんが来なければ、

「ジョギングのおかげだ！

今日は『ありがとう』を7000回言える。

やった！　これで願いがかなったぞ！」

とつぶやく。

さらに、自然と、口からは「本当、ありがとう宇宙！」という言葉が出てくるようになり、不思議なことに、すべてのできごとが、本当に、僕の願望を達成するために起きているように思えるようになっていきました。

借金返済を宇宙にオーダーしてから、3年。

僕はご機嫌に過ごせるようになっていました。

もちろん、借金返済は続いていたし、落ち込む日もありました。けれど「自分が宇宙の中で一番不幸だ」なんて妄想をすることはなくなっていたのです。

ある日のこと、長年の友人が店を訪ねてきてこう言いました。

「安くていいテナントがあるから一緒に借りない？　うちは2階を使うから、1階をコイケが使えば？」

当時借りていた場所はビルの1部屋で、お客さんも入りづらかったのとくらべると、そこは路面店で、便のよい場所。さらに、ちょうど、店舗の更新時期が来ていたこともあり、それは願ってもない申し出でした。

僕は、徐々に身についてきた口ぐせ「やった！　これで願いがかなったぞ」と言いながら、移転に向けての準備を始めることにしました。

ところが、です。

移転をして、店を整えるとなると、やはり必要なのはお金なのですが、ヤミ金からお金を借りている僕に、追加融資をしてくれるところなどありません。

銀行からトボトボと自宅に帰ると、宇宙さんの声がしました。

「なんだ、コイケ、おまえ、本当に、しみったれた面してんなぁ」

僕は宇宙さんには目もくれずに、冷蔵庫から発泡酒を取り出して、口をつけながら、

「うーん、やっぱり……移転は無理かなぁ」

とつぶやきました。

「おまえ今、『無理』って言ったか？

オレにオーダーしたのか？」

宇宙さんがギロリとこちらをにらみます。

「い、いえ、言ってません。追加融資を通す方法、ないかなあと思って考えていただけです！」

「なんだ、そんな簡単なことか」

「か、簡単なわけないじゃないですか」

「おまえ今、『簡単じゃない』って言ったか？オレにオーダーしたのか？」

「ちちちち、違います！でもね、銀行からお金を借りるんですよ、すでに借金抱えてる僕が。簡単なワケないでしょう」

「しょうがねぇな」

そう言って空中でヒラリと1回転し、ブルース・ブラザーズのような黒いスーツに黒サングラスに変身した宇宙さんの手には、バズーカ砲のようなものが握られているではありませんか。

「ちょ、ちょっと、ちょっと、
まさか、銀行強盗なんて
言うんじゃないでしょうね!?」
「バカめ。
愛してるビームで、
だいたいなんでも解決すんだよ!」
宇宙さんは銃をこっちに向けて、
いつもよりさらにドヤ顔で、
ポーズを取っています。
「は?」
「『愛してる』には、自分と相思相愛になる力があるって前に言ったろ? それは、他人にも有効だ。銀行に行ったらまず、担当者に向かって、『愛してるビーム』って言え。で、愛してるビームをそいつの額に向かって発射しろ! 眉間の間だ!」
「……」
「絶句すんじゃねえ!」

「イヤイヤ、冗談やめてくださいよ。
その瞬間、間違いなくつまみ出されますよ、僕」
「はぁ?……ったく、人間っていうのはラヴが通じない種族だな。
じゃあ、心の中でもいいから、
そいつの額に向かって『愛してるビーム』と言え。いいな」
「いいかげんにしてください。
そんなことしたって、融資が通るわけないですよ」
「おまえ今、『通るわけない』って言ったか?
オレにオーダーしたのか?」
「……いえいえ! わかりましたよ、
やればいいんでしょ、やれば!」

数日後、銀行へと出向いた僕の心臓はバクバクと鳴っていました。

《本当に、アレをやるのか……》

「お待たせいたしました。融資のご相談ですね」

「はい」

「こちらへどうぞ」


担当者さんに促されて、移動しているときでした。

僕はまるでうしろから突き飛ばされたかのように
転びました。

「ど、どうされました!?」

「いや、すみません！　つまずいちゃいました」

「早くしろ！　コイケ！　今だ！」

宇宙さんが急かします。

僕は、担当さんに向き直り
「お世話になります。小池です。

本日はよろしくお願いいたします」

そう伝えてから、心の中でこう叫びました。

《愛してるビーム！》
《愛してるビーム！》
《愛してるビーム！》

「実は担当が代わりまして。
当時の詳細を把握している者がいないため、
私の方で担当させていただきます」

それから数週間、行員の方がTシャツをつくる機材を見に来られました。親身になって話を聞いてくださったり、面談を行ったり、数回の資料提出の後、僕はその銀行から融資を受けられることになりました。
もちろん担当者さんが代わったことはラッキーでしたが、融資が通ったのは、何より、行員さんとの信頼関係が築けたからだと思うのです。

心配するな、宇宙の3つのオキテで、願いはかなう

宇宙さんが教えてくれた、願望達成の３つのオキテ、

「結果を決めてオーダーする」
「宇宙さんからのヒントに従う」
「宇宙さんから教えてもらった口ぐせをつぶやく」

これらの意味を少しずつ理解し、実行していくことで、僕は、願望達成に対してポジティブなイメージを持てるようになっていき、借金を返すためにできることはなんでもやろうという気持ちになっていきました。

とあるセミナーに参加したときのことでした。

「やりたくないことを書き出してください」と講師の方に言われ、書き出してみてビックリ。

1）接客したくない
2）セールスしたくない
3）在庫持ちたくない

それは、「じゃあ、いったいなんでアパレルやってるの？」と突っ込まれそうな、アパレルショップの店員としてはあるまじき「やりたくないこと」。

それから数日後、店の掃除をしていたら、宇宙さんが現れてこう言うではありませんか。

「なぁ、コイケ、イヤならやめちゃえば？」

「そうだよねー。やめちゃおっか、な

……って、えぇぇ！」

自分の返答に自分で驚く始末です。

なぜなら、当時の僕を支えていた収入は、アパレルが50％、ブレスレット製作が

40%、さらにスーパーでの早朝の品出しのパートでした。借金返済に多くのお金を充てなければならない生活をしていた僕にとって、ここでひとつの食い扶持《ぶち》であるアパレル販売をやめるということは、かなりの賭《か》け。

しかし、ブレスレットを買いに来るお客様に、日々「宇宙からのヒントってすごいんですよ」と伝えはじめていた僕は、どうしてもこのヒントを無視できませんでした。

僕は迷いを断ち切るような思いで問屋さんに電話を入れ、「今季でアパレルをやめます」と伝えたのです。

すると、わずかその数時間後から、不思議なことが起こりはじめました。

洋服は仕入れをストップしたので後は在庫整理のみ。洋服の売り上げが減っていくのに反比例して、ブレスレットのオーダーが右肩上がりに増えていったのです。

さらに、当時の僕はまだいささか不幸に酔うくせが残っていて、スーパーで早朝パートをしている自分を「朝早くに起きて、パートもして、寝る暇を削って借金を返している僕ってエライ」とひそかに思っていたのですが、ある日、早朝パートに行こうとする僕に、宇宙さんのこんな声が聞こえました。

「本業だけで食べられないなんて、ダセェよな」

「!!」

「そりゃそうだろう。

どこに、一流のプロフェッショナルで、
パートしてる人間がいるんだよ」

「……」

「まさか、おまえ、本当に、それがかっこいいとでも思っていたのか？」

「……」

「それだけで立派に食べていけないなんて、
かっこ悪い以外に何ものでもない！」

「……イヤだ！

かっこ悪いなんてやだ！

僕は、ダサくなんかない！

自分のやりたいことだけで食べていける！

食べていく！」

「オッケー、ナイスオーダー！」

振り返れば8年も続けていた、スーパーの早朝品出しのパート。パートの身分でありながら、その部門のシフトを統括するまでのベテランになっていたから僕がやめるのを惜しんでくれた方とのお別れはちょっと寂しかったけれど、僕はやめてみてあぜんとしました。

生活できないかな、借金返せないかな、そんな心配をよそに、不思議なことに、ブレスレットの売り上げだけで、なんとか食べていけるようになったんです。

オーダー初心者の前に必ず現れる「ドリームキラー」はこう対処しろ！

長年憧れつづけたアパレルから手を引き、細々と続けていたパートをやめ、僕はパワーストーンのブレスレット屋さんになりました。

というと「借金を苦に、スピリチュアルにはまってしまった」と思う人もいるかもしれませんね。

僕自身も思いきってやめてみたものの「これでいいのかなぁ」と思う瞬間がありましたし、周囲からも、当初は、そういう声がたくさん入ってきました。

「これまで来てくれていたお客さんに申し訳ないんじゃない？」

「パワーストーンだけで食べていくなんて、それ無謀でしょ〜」

と直接助言をしてくれる人や、

「なんか、あそこの店、洋服置かなくなって、変なブレスレット売りはじめたみたいだよ」

と、人づてに噂《うわさ》されていることを耳にすることもありました。

いくら食べていけるようになったとはいえ、これらの言葉には僕も少々メゲました。一番凹《へこ》んだのは、長年の友人に、「服屋で大成するって志、変えちゃうんだ。あきらめちゃうんだ。残念だな〜。ガッカリだな〜。その程度の志だったんだ〜！」

と言われたとき。

僕は、言い返すことができず、その日悶々《もんもん》としながら帰路につき、家にたどりついた途端、怒りとも悲しみともいえない気持ちがあふれ出しました。

「あーー！　もう！」

ソファに置いてあった抱き枕に怒りをぶつけるように、蹴り飛ばしたそのとき、宇宙さんが現れました。

「なんだ、コイケ、今日は微妙な顔してんなぁ？」

「さすがに僕だって怒りますよ。

『ガッカリだな～！　その程度の志だったんだ～！』なんて言われたら」

「ふーーん。てことはアレだな、**『おまえも、そう思ってる』**ってことだな」

「は？」

「は？　じゃねーよ。おまえ誰に口きいてんだ。

おまえが最近聞いた、洋服屋をやめることへの批判や助言、

それ、ぜーんぶ、おまえ自身が思っていることだって言ってんだよ」

「なんてこと！　そんなわけないじゃないですか！」

「じゃあ、なんで怒るんだ？　なんで悲しいんだ？

おまえ自身がそう思っていなければ、

『ま、そういうふうに思う人もいるよね』で終了だろうが。

そもそも、おまえがそう思っていなければ、わざわざおまえにそれを知らせてくるヤツは登場しないんだよ。

おまえに起きているできごとは全部、おまえの中にあるエネルギーが表に出たものだからな」

「え、いや、でも……」

「でもじゃない！　往生際が悪いなコイケ！　その『その言い訳口ぐせ』やめやがれ。じゃあ聞くが、なぜ言い返さない？　なぜ、そんな言葉を気にする？　言われていることが、おまえにとって図星だからだろうが」

「……」

「いいか、そいつは、ドリームキラーだ」

「ドリームキラー？」

「オーダー初心者の前には必ず現れる。いいか、ドリームキラーが出てきたら、**自分自身に試されている、**と思え」

「いちゃもんつけるアイツ」はおまえの心のビビリを表していると知れ!

人間とは、変化をこの上なく嫌う生き物だ。

不幸なヤツは、心の奥底ではずーっと不幸でいることで安心しているし、幸せなヤツはずーっと幸せでいることで安心する。

そういう性質がある。

これは一種の生存本能ってやつで、慣れ親しんだ状況が、幸せであれ、不幸であれ、それが一番生きるために安全だと判断してしまう脳の中枢、脳幹の仕業だ。

いわゆる、心の前提っていうやつだ。

この前提はなかなか手ごわい。

不幸に慣れているヤツが「幸せになる」と決め、オーダーし、そいつの身に幸せな変化が訪れると、必ず、慣れ親しんだ不幸に戻そうとする輩《やから》が現れる。

ちょっといいことがあっても、続かないような気がしてしまう。

これが、ドリームキラーだ！

自分の潜在意識に試されていると思うといい。

オーダー初心者は、たいてい、それまで不幸ばっかりオーダーしてきた。そんなヤツが、自分の思考、つまり顕在意識で突然、超幸せなオーダーをしたら潜在意識がビビっちまう。

ドリームキラーはオーダーした本人の潜在意識のザワつきや不安をそのまま目の前に出現させたもので、大きなヒントだ。

コイケの場合で言えば、慣れ親しんだ状況を手放したコイケ自身が、正確にはコイケの潜在意識がまだ変化に対応しきれていないために「これでいいのだろうか」と不安になっている。

その不安を誰かがそのまま見せてくれているってわけだ。

よく、「相手は自分の心の鏡だ」というが、そのとおり。

相手は、自分の潜在意識を映す鏡だ。

人間は本人が出している口ぐせエネルギーによって、自分に何を言うか、自分をどう扱わせるかを相手に伝えている。

宇宙心理（真理）ですべての人間の意識と意識はつながっているからだ。

「これでいいのかなぁ」という不安が、宇宙によって増幅され、それを指摘する人間がどんどん集まってきたわけだ。

潜在意識の不安が表に現れたもの。それが、ドリームキラーである。

相手の言うことに、腹が立ったり、悲しんだり、ネガティブな感情が出てくるならば、それは、コイケが自分に対して同じように思っているということだ。

じゃあ、ドリームキラーに打ち勝つにはどうするか。

簡単だ。

潜在意識は、これまで100円のカップラーメンばかりオーダーしていたおまえが、突然3000円のステーキをオーダーしたことに躊躇《ちゅうちょ》し、

「いいの？　本当にいいの？　かなっちゃうけど、いいの？」

とビビッているわけだから、自分のオーダーに対して自信を持って堂々と「イエス」と答えろ。

そして、自分に向かって、100％の信頼と愛を伝えて、

「大きな変化と、
幸せを受け取る準備はできました！
だから、ステーキをオーダーします！
ステーキが食べられる僕になりました！」

と、改めて自分のオーダーをしろ。

周囲の声は、勝手に消えてしまうからやってみな。

かなっちゃうけど
ホントにいいの??
ドリーム
キラー

まずはおまえが、おまえの味方になってやれ！

「ドリームキラーは僕自身……」

「おまえ、宇宙のヒントに従って洋服屋をやめたのに、心のどこかで残念に思ってただろ？」

「そりゃあ、洋服屋は僕がずっと憧れてきたことでしたからね」

「憧れってなんだ？」

「洋服屋って、ほら、かっこいいし」

「かっこいいっていうのは、誰から見てだ？」

「誰から見て？　……うーん、周りの人ですかね」

「ということは、だ。洋服屋がかっこいいからやりたい、と思ったおまえは、誰かから注目されたい、愛されたい、大事にされたい、特別でありたい、そう強く願ってきたということだ」

「そ、そう言われるとなんか、こっぱずかしいですね」

「そうだ、おまえは、こっぱずかしいヤツだ。

本当にこっぱずかしい。

オーダーのしくみはこれまでもさんざん話したが、

『誰かから注目されたい、愛されたい、大事にされたい、特別でありたい』

これらのオーダーの真意はなんだと思う？」

「ええっと、『夢見がち口ぐせ』オーダーは、その状態がずっと続くんでしたよね」

「そのとおり！　おまえは、『かっこいいからやりたい』と思っている以上、
ずーっとかっこよくないままだ。実際、夢追っかけて借金２０００万円。

これのどこがかっこいいんだ？　え？」

「……いや、あの、かっこよくありません」

「そうだろうが。とはいえ、だ。人間は変化を好まない。

突然、パワーストーンの店になり、おまえの潜在意識がひるんじまったんだな」

「僕の潜在意識がひるんだ？」

「そうだ。やっと相思相愛になれたとはいえ、これまでさんざんいたぶってきたんだ

から、潜在意識も何かと不安になりがちってことだ」
「そうか……僕はどうしたらいいんですか？」
「自分のやっていることに、まずおまえが自信と誇りを持つことだ。
おまえ、ブレスレットの店はどう思っているんだ？」
「そうですね……洋服だろうと、ブレスレットだろうと、
それを手にした人が幸せになってくれるのは、どっちも同じようにうれしいです」
「てことは、おまえは今、『ブレスレット屋でかっこいいと思われたい』なんて
思ってもいないよな？」
「そうですね。どちらかというと、僕も、みんなも幸せになれたらいいなって。
実際そうなっていっていると思いますし」
「そこだよ！　そこ！
今までとは大きな違いだ。
おまえは、借金を返して幸せになる、と決めた。
授業でも言ったが、人間もエネルギーの塊だ。
宇宙心理（真理）ですべてつながっている。

宇宙には地球上にいるひとりひとりの個のエネルギーを判別する能力はない。自分の扱い方は、周囲への扱い方であり、自分に投げかけた言葉は、周囲に投げかけている言葉だ。だから、自分を幸せにしているヤツっていうのは、勝手に、周囲も幸せにしているんだ。

周囲が幸せになるヤツは、本人も幸せだ。それが宇宙心理（真理）だからだ。

おまえは今、その一歩を踏み出している。

自分がやっていることを、自分で認めてやれ。

おまえが、心底自分を信じて、自分の味方にならない限り、おまえの潜在意識がおまえを信じて笑ってくれるわけがないだろう？

おまえの潜在意識が笑顔になれば、周囲も勝手に笑顔になる。やってみろ」

その後、僕は、バスルームに行き、小難しい顔をした僕に対して笑いかけてみました。

「大きな変化と、
幸せを受け取る準備はできました！
だから、借金返済と幸せをオーダーします！
借金を返せる僕になりました。
幸せな僕になりました」

そう言ってみると、僕の心に大きな変化が現れました。

子どものころ、新しく何かを始めるときに感じていたようなワクワク感が心の奥から湧いてきたのです。

僕は鏡の向こうの僕に対して言いました。

「今の僕で大丈夫だから、安心して。

それに、パワーストーン屋、かっこいいと思うよ。

みんなが幸せになれるしね。ありがとう。愛してるよ」

そう言うと、鏡の向こうの自分がうれしそうにこちらを見返していました。

そして僕は改めて、「変化を受け入れ、絶対に幸せになる」と、心に誓ったのです。

2部

宇宙はとことんドラマティックがお好き

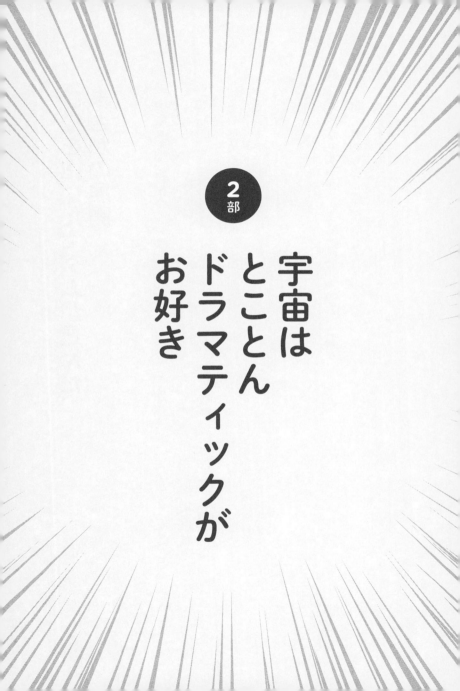

白猫を抱いたマダムが運んだ、まさかの展開

ブレスレット屋さんになった僕は、ある日、宇宙さんにこんなオーダーをすることにしました。

「パワーストーンブレスレットをもっと広める！　そのためならなんでもしますからヒントをください！」

「おう、なんか、おまえ、ノッてきたな」

それから数日後、1本の電話が鳴りました。

「HKBのウキウキテレビですが」

《キター－！　宇宙さん仕事早えぇぇ！》

「はい！　なんでしょう？」

ウキウキしている僕にテレビ局の人は、非情にもこう言いました。

「春物の洋服特集の取材に伺いたいのですが」

《えーーっ、洋服⁇》

宇宙にオーダーした後のせっかくのテレビ局からの電話。

《あれー、ブレスレットの取材じゃないの？　オーダーしたのにな～》

僕はすでにアパレルから手を引いていて、店に洋服はない状態。断るしかないかなと思い、

「あのう、大変申し訳ないのですが」

と切り出したのですが、そのとき、宇宙さんが現れて、ものすごい形相で僕をにらみつけたのです。

《もしかしたら何か意味があるのかな》

そう思った僕は、テレビ局の人に、

「春物の洋服が準備できるかわからないので折り返します！」

と言って電話を切りました。

「いや、だってさ、もう洋服はやめちゃえって宇宙さんが言ったんですよ？

もう洋服の在庫、ありませんし」

と言い訳するように僕が言うと、口をへの字に曲げた宇宙さんが、

「洋服借りりゃー、いーじゃねーか」

と言うではありませんか。

「えぇぇぇ？」

「おまえ、なんでもやるって言ったじゃねーか」

「……い、言いましたけど」

「それに、この前教えてやった口ぐせ、もう忘れてるだろ！

何が起きても言う言葉があっただろうが！」

「あ……はい！

やった！　これで願いがかなったぞ！」

大きな声で繰り返し言ってみると、本当に、この状況に何かの意味があるような気がしてきて、なんだかうまくいきそうな気がしてきました。

《聞くだけ聞いてみよう》

そう気を取り直した僕は、問屋さんに電話を入れ、事情を説明しました。すると、「洋服の問い合わせが来たら、こちらに回していただけるなら」と、なんと2社が春物の洋服を撮影用に貸してくれることに。

「洋服、揃《そろ》いますので、ぜひ取材にいらしてください」

僕はさっそくテレビ局に電話を入れ、打ち合わせの日を待ったのです。

そして、打ち合わせの日。

時間どおり、番組の制作会社の社長さんと、ディレクターの女性がふたりで来店しました。

「お待ちしてました〜」とふたりを迎えようとドアを開けると、ふたりに続いて、変わったお客様が入ってきました。

「ちょっとあなた〜、聞いたわよ〜〜！」

「あなた、占い師なんだって？　超当たるらしいじゃないの」

制作会社のふたりは、お客様の邪魔になってはいけないと、マダムに通路をあけます。

「へ？　占い師？」

「私のパート先の知り合いの知り合いがね、あなたに占ってもらって、数珠《じゅず》を買ったって。そしたらもう、いいことが次々起きて、そしてその数珠が切れたら、今度は子宮の病気が治ったって言ってたのよ」

どうやらその老婦人は少しずつ誤解をしているようだったので、

「占いじゃなくて、オーリングテストです。数珠じゃなくて、パワーストーンでつくったブレスレットですよ」

と訂正すると、

「どっちでもいいけど、とにかく、私にもそのテストやりなさい。今から銀行に行ってお金を下ろしてくるから、私にもつくるのよ！」

そう機関銃のようにしゃべり、そして弾丸のように店を出ていってしまいました。

お待たせすることになった取材のふたりの耳はダンボ状態です。

「なんですか!?　今の話」

「パワーストーン、売ってるんですか？」

「オーリングテストってなんですか？」

あっという間に質問攻めになり、ブレスレットについて説明をすると、社長さんのほうが、

「コイケさん、打ち合わせはまた日を改めましょう。

今日は、僕のブレスレットつくってくれませんか」

と、言うではありませんか。

社長さんにオーリングテストをしてブレスレットをつくって差し上げると、

「なんか、これで僕、結婚できそうだなあ、そう思わない？　ほらほら見て～」

と非常に喜んでくださっています。女性ディレクターは手帳を真剣に見つめながら、

「今話しかけないでください。私、今、いつ母と一緒にブレスをつくりに来れるか考えてるんですから」

と言い、その3日後に本当にお母様と一緒にご来店されたのでした。

日を改めて、ぶっつけ本番で3時間みっちりと撮影していただき、放映されたのは4分ほどでした。

驚いたのは、そのうち3分近くがブレスレットの話だったこと。

放映が終わった瞬間、電話が鳴りやまなくなり、ブレスレットの予約は翌月までいっぱいになりました。

一方、洋服の問い合わせは1件もなかったんです。

それから、僕のお店は一気に忙しくなりました。

テレビを見ていた人からの問い合わせや、予約が落ちついても、今度はつくった人の口コミで予約が入り、広がっていったのです。

途中で物事を切り取って見るな。その続きをしっかり見ろ

数か月後。


「なんか、コイケ、忙しそうだなあ」

「そうですね。でも、充実しています！」

「まあ、パワーストーンも、お金と同じく、エネルギーの塊だからな。

口コミで広がって、循環していけばいくほど、

持っている人間のオーダーはかないやすくなるってもんだ」
「なるほど！
それにしても、テレビの取材は宇宙の采配ですね。ありがたかったです」
「それもこれも、あの白い猫を抱いた、おばさんのおかげだな。
ちゃんとお礼しなきゃな。今度、寿司でもごちそうしろよ」
「あっ……」

そこで僕は気づいたんです。
白い猫を抱いたマダムは、その後、店には現れていないことに……。

宇宙は必ず「先払いの法則」で回っている

《ドSなのに、なんだか憎めないんだよなあ》
宇宙さんのおかげで、借金がありつつも日々楽しく過ごせるようになっていた僕は、このころには率先して、宇宙さんにヒントをもらうようになっていました。

「ねえ、宇宙さん」

「なんだ」

「パワーストーンのブレスレットってやっぱり、ちょっと、怪しいと思う人がいるんだよね」

「まあ、エネルギーは、人間の目に見えないからな。

なんで、目に見えないからって、怪しいと思うんだろうな。オレは、他のヤツらには見えないけど、まったく怪しくないだろ？　見える見えないで判断すると、間違っちまうよな。大切なことをよ」
「……」
「おい、返答に困るんじゃねえよ、コイケの分際で。
で、具体的にどういう状況なんだ？」
「特に、男性の場合、スピリチュアルに過剰反応しちゃう人がいるんですよね。
お客様の様子を見ていて思うのは、東洋医学だと訝《いぶか》しげに思う人がいて、
西洋医学だと安心するっていう人がいるのに似ていますよね。
より科学的な、学問的なものに安心感を示すっていうか」
「ふうーん。人間ていうのはおかしなものだ。
宇宙の真理ほど、科学的なものはないと思うが……まあいい。
どうせコイケみたいに小さな脳みそで考えたって考えなくたって、
宇宙はそういうシンプルなしくみだ。
人が理解しようがしまいが、ただそうなっている、それだけだ。
そうだな……じゃあ、おまえのブレスレット、
科学的で学問的にすればいいじゃないか？」

「科学的に？」

「学問や科学がそんなに安心感があるのなら、おまえが、まず、心理学やコーチングでもやってみたらどうだ？ビジネスの世界にも浸透してるんだろう？」

「心理学やコーチングですか……なるほど」

さっそく、調べてみると、その根底にあるものは、僕が宇宙さんから教えてもらいつつあった宇宙の真理に近いのではないかと思うようになり、僕はこの分野を勉強することを決めました。

しかし、いくつかの心理学講座やコーチングの講座を調べると、

「うわ、50万もするのか、この講座。

しかも、東京だしな……」

信頼のおける資格となりそうな講座の受講には、かなりの費用がかかるのです。

「うーん、もうちょっとお客さんが増えてから考えよう……」

「コイケ！！　今、なんつった？」

突然、目の前に宇宙さんが、ものすごい形相で浮かんでいます。

「ひゃあああ……なんですか、突然！」

「だから今、なんつった？　って聞いたんだよ」
「いや、だから、心理学の講座、行きたいのはあったんですが、
費用があまりに高いので、
もう少し、借金を返してから、検討しようかなって……」
「おまえは、お金のしくみもわかってないんだな！
金は、先払いシステムなんだよ！」

「さ、先払いシステム？」

「金がほしかったら、だ」

「ほしかったら？」

「今すぐ金を払え！」

「は？？？　ないのにどうやって払うんですか！」

「ちっがーう、金を払わないから、金が入ってこないんだ！」

「えええ？　言っていることがめちゃくちゃくちゃじゃないですか」

「めちゃくちゃなのは、おまえのその頭ん中だろうが！

宇宙は先払いのシステムなんだよ！

金がほしかったら、金を払え！」

「だから、お金ないんですって！」

「あああぁ、もう、この、大バカもの！

宇宙ってのは、無限のエネルギー体だ。

そして、お金とは、人の『感謝』や『愛』が
そのまま形になって現れた、エネルギー体だ。

エネルギーは、停滞することを好まない。

電気は停滞すれば消える。水も停滞すれば腐っちまう。
それと同じで、すべてのエネルギーは流れていることではじめて、
そのエネルギーを活用できる。
もしコイケが今、お金を必要としているのなら、
まずはコイケがお金を払って、お金を循環させなくちゃならん」
「そうはいっても……ないものは払えないし……」
「おい、この期に及んでまだ『ないから払えない』をオーダーするつもりか。
しつこい！　しつこすぎる！
おまえら人間は、本当に『負債口ぐせ』の宝庫だな。
いいかげん飽きないのか？」
「ふ……負債！　僕にその言葉は禁句ですよ〜ひ〜」
「今さらなんだ。そんなことはどうでもいい。
イヤなら、負債を資産にするしかない。今のコイケには勇気のいる行為かもしれん
が、ここで躊躇《ちゅうちょ》してしまうと、お金の流れは生まれん！
エネルギーは停滞し、宇宙へのオーダーも滞っちまう」

「お金、の、流れ……」

「オレに再会したころのコイケは、多額の借金を返済するために必死にお金を稼いでいただろ？　必死に借金を払って、

『お金は出ていくもの』『お金は僕につらい思いをさせるもの』

と思っていたろ？

でもな、本来、お金というのは、愛と感謝のエネルギーなんだ」

「愛と感謝？」

「そうだ。だから、支払うときは心から感謝をして支払い、いただくときは心から感謝して受け取らなくちゃいけないんだ。愛の心で受け入れ、愛の心で送り出さないと、お金の本来のパワーを発揮できない」

「うーん、となると、僕は、お金がなくても、今、どうにかしてお金を払わなくてはならないということですね」

「そうだ」

「しかも、愛と感謝の気持ちを持って、気分よく、お金を送り出さなくてはならないということですよね」

「そのとおりだ！

お金の使い方も宇宙へのオーダーと同じだ。

まずは、使い道を決めろ。明確に。

いつまでに、なんのために、いくら使うのか。

もうひとつ言うなら、
おまえは借金返済のためにお金を生み出すのではなく、愛と感謝の循環のためにお金を生み出す必要があるということだ」

「僕は、借金返済を宇宙にオーダーしましたが、それは間違っていたということ？」

「間違っているというわけではないが、エネルギーは落ちるわな」

「そっか」

「だからこそ、おまえはそろそろ、オーダーをし直さなくてはならないな」

「わかりました」

僕はしばらくこう考えてから、宇宙さんにオーダーをしたのです。

「僕の周りに宇宙を信じてオーダーをする人が増えて、もっともっと奇跡が増えて、幸せな人が増える！　増えました！」

「おう、そのために必要なヒントはもうやったぞ」

僕はまっすぐにパソコンに向かい、気になっていた心理学の講座への申し込みフォームに、自分の名前や住所を入力し、申し込みを完了しました。

そうすると、なんだかすがすがしい気持ちになり、やる気がみなぎってきました。

そして、その日は穏やかな気持ちで、ぐっすりと眠ることができたのです。

お金が入ってくる自分になる、まさかの「入金口ぐせ」

こうして、東京の心理学セミナーを受けることを決めた僕は、講座の費用を捻出する必要がありましたが、もう悩んではいませんでした。

講座へ行くと決め、申し込みをし、支払期限が明確になったことで、その日までにどうやってお金をつくるか、を考えるようになったんです。

そして、宇宙さんにこうたずねてみました。

「ねえ、宇宙さん。何か、お金の入ってくる口ぐせってないですか？」

「おまえが知りたいのは、『入金口ぐせ』のことか？」

宇宙銀行に預金が貯まっていく「チャリンチャリン」の口ぐせ

お金のしくみについて理解できるようになったら、宇宙銀行の自分の通帳にお金が貯《た》まっていくイメージをしながら「チャリンチャリン」と言ってみろ。

「ありがとう」を言っているときに、宇宙通帳に入金が記載されるのをイメージするのもいい。

また、お金をオーダーするときには「１００万円入ってきました」という金額のオーダーよりも「資格取得のために必要な講座費用50万円と、交通費総額19万４３００円、4月29日までに揃いました」というように、用途まで明確にして、宇宙に伝えろ。

より具体的にオーダーするために、使っていない通帳に日付と入金額、用途を書き込んで可視化してもいいぞ。

さらに、お金は愛と感謝のエネルギーだから、お金を使った結果が、多くの人間の幸せに結びつくように設定するんだ。

「資格を取得したら、お客様に安心して店に来てもらえるようになりました。笑顔で帰る人たちが増えました」というようにだ。

そして、日々ことあるごとに「チャリンチャリン」と頭の中でつぶやけ。

特に、イヤな仕事をこなすとき、上司に怒られているとき、ジョギングをしていて苦しいとき、勉強がつらいときなど、「労働」しているなと感じるときは、労働に対する時給が宇宙銀行の自分の口座に貯まっていっている。しかも、驚くほどの利子つきでだ。

その貯蓄は、宇宙口座に貯まっていき、やがて現実となって目の前に引き出されるからな。

すべての人、もの、ことが1週間で変わりはじめる呪文がある

こうして、講座代と交通費を手に入れ、東京で心理学を学びはじめた僕の世界は、みるみる広がっていきました。心のしくみについて掘り下げれば掘り下げるほど、僕は、宇宙の真理に近づいている感覚になりました。

ビリーフチェンジセラピー、ゲシュタルト療法、ヒプノセラピー……各国で研究されてきた心の治療には共通点がありました。

それは、潜在意識の中に刷り込まれてしまった思い込み（前提）を取り去り、新たな前提を自分で決めるというもの。

トラウマやうつなどの改善も、潜在意識の中にできてしまった滞りを解消し、健全な状態へと導くのが心理療法です。

これらの心理療法は、僕が宇宙さんから教えてもらったことに通じていることが多くありました。

「ありがとう」で潜在意識をクリーニングし、「愛してる」で潜在意識と相思相愛になり、新しい価値観で宇宙へと願いをオーダーするという、僕が宇宙さんから教えてもらったことは、そのまま、心理療法にも通じていたんです。

心理学を学び、コーチングを学んでいくうちに、ブレスレットをつくったお客様の中には「セラピーを受けたい」という人が出てきました。

お客様には、よいことが起き、さらに口コミでお客様が増え、結果的に僕のお店には、愛と感謝のお金が集まってくるようになりました。

驚くべき、宇宙の力。

もはや、僕の中に宇宙さんへの疑いの気持ちは微塵《みじん》もありませんでした。

そして、この素晴らしい宇宙のしくみを、多くの人に伝えたいと考えるようになっていきました。

ブレスレットをつくった方に、宇宙さんから教えてもらった宇宙のしくみ、うまくいく口ぐせの話をしているうちに「もっと、話が聞きたい」という人が出てきたのです。そんなとき、宇宙さんが言いました。

「おい、コイケ、いつまで店でちっちゃく宇宙の話をしてんだよ！　ちゃんと、場所をつくって大勢に聞いてもらえよ！」

「え、大勢の人の前で!?　いや、僕、人前で話すの苦手なの知ってるでしょ？」

「しのごの言ってんじゃねえ。オレ様が、号泣鼻水のコイケをここまで立派に成長させた、奇跡の物語を、世界中に知ってもらえ。それが、これからのおまえの仕事だ！」

「奇跡の物語って……ヘレン・ケラーみたいじゃないですか」

「おう、そのとおりだ。奇跡の人だ。オレはサリバン先生だ。そういえばおまえ、お客の中に、メディア関係者がいただろう。相談してみろ」

「……」

「おいおいおい、絶句するな！

コイケの小さな脳で、悩むんじゃねぇ！
オレのヒントをスルーすんじゃねぇよ！
「ヒントって！　自分の功績を讃《たた》えたいわけでしょう？」
「あたりまえだ、おまえがここまで来れたのはオレ様のおかげだろ？
宇宙のしくみを、人間は知る必要がある！
それに、前にも言ったように宇宙は奇跡の在庫過多状態だ。
早く多くの人間に、奇跡をオーダーするように伝えろ！
宇宙のしくみがわかってきた人間が次にやることは、
自分のところで止めるのではなく、見える範囲全員にそれを伝えることだ。

なぜなら、コイケの前に映し出されているコイケの世界は、
全部コイケだからだ！」

「はーっ？　え!?　なんて言った!?　全部、僕？」

オレも、おまえも、アレもコレもソレも、「全部、オレだ！」と言え

多くの人間が、宇宙はひとつだと思っているが、これは大きな間違いだ。

宇宙っていうのは、ひとりの人間にひとつ存在する。

そして、その宇宙の中で起きること、見えるもの、すべてが自分自身だということを忘れるな。

今、コイケの目の前にいる人間は、コイケのエネルギーそのものだ。人間だけじゃない。今、コイケがいる環境や使っているものも、コイケのエネルギーそのものだ。

不幸のどん底にいる人間は、出会う人がとても自分に対して厳しい人だったり、使っているコップが欠けていたりする。

「あれも僕、これも僕、それも僕……」

そうつぶやきながら世の中を見てみろ。

そうすれば、客観的な視点で自分を見ることができるし、今自分に必要なもの、どうなりたいかも見えてくるはずだ。

そして、口ぐせによって潜在意識が変われば、コイケがそうだったように、状況は変わり、コイケの宇宙自体がまったく違う世界へと変わっていくんだ。

優しい人、愛に満ちた人に出会うようになり、お気に入りのマグカップ、ふわふわのタオルを手にするようになる。

宇宙のしくみを知り、世界が動きはじめたら、次は、自分の内側から外側へ、そのしくみを伝え、目に映るものすべてに愛のエネルギーを注ぐ時期がやってくる。

それは、宇宙へのオーダーのしかた、自分の身に起きた奇跡を、どんどん外へと発信することだ。

そして、そのすべての幸せを宇宙にオーダーしろ。

ただしこれは、目の前の人を自分の思ったように変えろってことじゃない。

自分も、相手も、自分自身であると考え、丁寧に扱い、幸せになることを望み、自分の宇宙全体が幸せになれるように、オーダーすること。

そうすれば、いつの間にか、自分の宇宙には、幸せな人しか現れなくなる。

勝手に相手が変わることもあれば、会わなくなることもある。

自然と、空気のいい美しい場所に行きたくなるし、住みはじめる。

着ている服も、住んでいる部屋も、使っている雑貨も、自然と居心地のいいものに変わっていく。

ウソだと思うなら、やってみろ。やってみるのが、一番早い。

このタオルも
自分自身
大切にしよう
オレも
コイケ
私もコイケ
ボクもコイケ
私もコイケ!!
オレも
コイケ
私も
コイケ

宇宙の〝おいしすぎる〟しくみを知っているか？

「まさかこの僕に、人前で話すなんてことが……イ、イヤ、考えちゃダメなんでしたね。宇宙からの純粋なヒントは、最初の０・５秒。考えちゃダメ！　即やればいいんでしたね」

「そうだ、すぐやれ！　今やれ！」

僕はドキドキしながらも、とある雑誌の編集部へと電話をしてみることにしました。

実は以前、仙台の地元タウン誌の方から取材を受け、担当編集者さんがブレスレットをつくりにいらしたのですが、さっそく、願いがかなったということで、あっという間に編集部に広めてくださり、そのタウン誌の半分以上の編集者さん、デザイナーさんらが、まるで社員証のように、僕のブレスレットをつけてくださっていたのです。

《いや、しかし、いきなり電話して「セミナーやりたいので、どうやったらいいか教えてくれ」だなんて、どう思われるかな……いや、考えるな、動け動け！》

僕は、おそるおそる、担当編集者さんに電話を入れました。

「宇宙のしくみを伝えるセミナーを開催したいと思うんです」

すると、

「グッドタイミングですよぉ、コイケさん！

実は私ね、イベントを開催する部署に移ったところなんですよ！

私にできることは、ぜひお手伝いしますよ！」

「ほ、本当ですか!? ありがとうございます！」

さらに、その担当編集者さんはこんなことも言ってくださったのでした。

「コイケさんの宇宙のしくみの話でしょ、あれ、すごく面白いのに、どうしてもっと広めようとしないんだろうね～って話してたんですよ。だからやっと来たか！ って思いました。聞きたい人、きっといっぱいいますよ！」

そこから、セミナー開催の準備が始まりました。

最初はまず、お店で数人を集めてデモンストレーション的に宇宙の話を聞いてもらい、アンケートを取り、どうやったら宇宙のしくみを伝えられるのか、聞き手の知りたいことはなんなのかを探りながら少しずつ規模を大きくしていきました。

最初のころはもう、汗だくでした（今もですけど）。なかなかうまく話せず必死でしたが「宇宙のしくみを伝えたい」という気持ちに従ってお伝えしていくうちに、少しずつ、人前で話すことが楽しいものになっていきました。

ちょっとずつですが、セミナーの規模は大きくなり、受講者も増えていきました。

宇宙さんのドSっぷりと、功績についても存分に語り、会場は毎回盛り上がり、僕のセミナーを聞いた人たちが、宇宙にオーダーするようになっていったのです。


ある日のセミナーの帰り道、僕は宇宙さんとこんな話をしました。

「最初は僕にセミナーなんてできるんだろうかって思っていたんですけど、なんか話していいるうちに楽しくなってきました」

「そりゃあ、そうだろうよ。

おまえ、人前で話すのが苦手とか言っているが、
能力は必要に応じて宇宙から湧いてくるんだからな」

「……ほ、本当ですかそれ……」

「能力だって、オーダーだからな」

「ええっ、能力があるから、オーダーはかなうんだって思ってましたけど、それって反対だったってこと？

オーダーしたら、能力まで授けられるってこと？

えー、なにそれ、おいしすぎる！」

「だからよ、宇宙ってのはおいしい場所なんだよ！

自分から塩ばっかなめてんのは
おまえだろ」

かないそうにないオーダーをも実現する「能力は湧いてくる」口ぐせを毎日唱えろ！

ドMな人間がよくやりがちなのが、やりたいことがあっても、ほしいものがあっても「○○だから無理〜」「○○苦手〜」と言って、行動しない言い訳をすることだ。

また、ずるい人間は、こうやって言い訳を考えて行動しないことで「やったらできるんだけどね」という希望を残そうとする。

が！　こういうヤツは地球での命が終わり、宇宙に帰ったときに

「しまった――。あれも、これもやりたかったのに――！

オレ、何やってんだ〜　忘れちまってたよ〜」

と叫ぶことになる。

そして「やり残したからまた行こう」なんて、地球にやってく

る。そしてまたやらない。

こんなバカバカしい不毛なループにハマっている人間は実に多い。地球は行動の星なんだから、動かないことには始まらない。わかって地球に下りてきてるはずなのに、だ。

いいか。いいことを教えてやる。


オーダーをかなえるために必要な能力は、湧いてくる。


自分自身に湧いてくることもあれば、必要な能力を持つ人間が送り込まれてくることもある。とにかく、今それをかなえるだけの力がなかったとしても、ちゃんとオーダーすれば、それをかなえるだけの力をも、宇宙は授けてくれるんだ。

なぜなら、能力だってオーダーだからだ。

地球にいるときにおまえたちが使っている入れ物の性能こそ、若干の差はあれど、そいつ自身がこの地球上でオーダーするすべてのことは、かなうようにできている。

だから、もし、新たなことに挑戦するときは、宇宙に向かって
こうつぶやけ。

「能力は湧いてくる！」

そして宇宙を信頼して、動け！　打ち込め！

期限が過ぎたら利子がつく宇宙へのオーダーのしくみ

必要な能力やお金は宇宙から湧いてくる。必要なときまでにきっかり揃う。

そのことを体感した僕に、宇宙さんは、

「もっともっと、体感して、練習しろ」

という課題を出しました。


「東京へ行くときは必ずグリーン車に乗る」

と決めると、グリーン車分の収入が入ってくるし、

「この講座を受ける」

と決めて先に申し込むと、期限までに必ずきっかりその分入ってくるのです。この

体験は徐々に僕の中に「決めたら揃う」という確信をもたらしつつありました。

さらに、セミナー受講者の方々から体験談が届くようになりました。多くの方々の宇宙へのオーダーとそれがかなう過程を見ていた僕は、ある法則があるのではないかと思うようになりました。

それは、**期限を決めたオーダーがかなわなかったとき、利子がつくのではないか**ということでした。

ある日、宇宙さんにたずねてみました。

「期限を決めてオーダーすると、大抵はそのとおりになるのですが、少しずれてかなったり、忘れたころに実現したりする場合ってありますよね。

そのときのほうが、オーダーしたよりもっとすごいかない方をしているような気がするんですが、これって気のせいですか？」

「は？　あたりまえじゃないか」

「え？　あたりまえなんですか？」

「そうだ。宇宙へのオーダーは、期限どおりにかなうのが基本だが、オーダーした人間の状況やタイミング、願った内容次第で、宇宙はよりドラマティックな展開を好む場合があるからな」

「よりドラマティック？」

「たとえば、売れないミュージシャンが年のはじめに、『今年こそメジャーデビュー』って決めて、オーダーしたとする。宇宙からのヒントに従って1年間頑張ってみたのに、12月31日になってしまった。これ、どうよ？」

「どうよって……残念に思うでしょうね。『かなわなかった、チクショー』って」

「そこ！　そこがダメなんだコイケ！

『かなわなかった』で、かなわない現実をオーダーすることになる」

「でも、年内にメジャーデビューってオーダーしていて、かなわなかったわけだから、気持ちはわかりますけどね」

「わかるか、ボケ！

期限が過ぎたってときは大チャンスなんだよ！」

「さ……さっぱりわかりません」

願いごとの期日を過ぎた瞬間に、「やった〜利子がついた〜！」と叫べ

宇宙へのオーダーに期限をつけるのは、よりオーダーを明確にして宇宙に伝え、よりオーダーを実現する覚悟を強固にするためだが、もうひとつ理由がある。

それは、宇宙には利子制度があるってこと。

借金に追われているコイケには、利子って言うと恐ろしいものだとしか思えないだろうが、こっちはプラスの利子だからな。

宇宙に願いをオーダーし、期限を決め、ヒントを実践して行ったのに、願いがその日までにかなわなかったら、チャンスだ。

ボーナスチャンスだと思え！

願いが期限どおりにかなわなかったときは、宇宙がよりドラマティックな演出を考えて動いている証拠だ。

つまり、宇宙自体もそのオーダーを存分に楽しんでいるからこそ時間がかかっているってことだ。

たとえば、だ。

メジャーデビューしたいミュージシャンのオーダーの場合。

よりドラマティックにするために、ある日、ストリートで演奏していたら、たまたま、来日中のマドンナの目にとまる……みたいな、ミラクルでグッとくるストーリーを考えているわけだ。

だからこそ、だ。

期限が切れたら、こう叫べ。

「やった！　これで、利子がつく。

もっとすごいことになる！

ありがとう宇宙！」

宇宙は信頼を寄せ、楽しんでくれる人間のオーダーが大好きだからな。

調子に乗って、すごいドラマティックな展開を披露するだろう。
間違っても「なんだ、やっぱりかなわなかった」は禁句だ。
目前まで来ていたものすごい展開が、一瞬でチリとなることもあるから注意しろよ。

婚活したいなら、宇宙仲人ネットワークに聞け！

宇宙さんに出会ってから、5年。

もう、僕の中に「借金返せないかも」なんていう不安は、もはやまったくなくなっていました。多額の借金を返済しながらも、毎日が楽しくてしかたがなくなっていたのです。

そのころ、僕の心にあるオーダーが生まれました。

思いきって、宇宙さんにそのオーダーをすることにしました。


「宇宙さん、オーダーしたいことがあります！」

「なんだ？」

「生涯を共にするパートナーです！」

宇宙さんが、これまでに見たことのないニヤついた顔をして言いました。

「なんだコイケのくせに、青春しやがって〜。

かなえてほしいのか？」

「オーダーするんだから、必ずかなえてください」

「な、なんだ、強気だなおまえ。

じゃあ、おまえ、ここで宣言しろ」

「宣言ですか？」

「そうだ。いつまでに結婚するっていう宣言だ」

「いつまでに……じゃあ、1年以内に結婚します！」

ひとりでれている僕を尻目に、目を爛々《らんらん》と輝かせた宇宙さんは、

「よしわかった、じゃあ、オーダー届けに行ってくるわ」と言って、泉に潜っていき、
しばらくすると戻ってきてこう言いました。

「よし、オーダーは届けてきたからな」

「じゃあ、宇宙さんからのヒントを待つだけですね！」

僕がウキウキしながら答えると
「いや、それがちょっと違うんだなあ。

人との縁をオーダーするときはだな、宇宙仲人ネットワークに頼むのがセオリーだ。

ここは、あいつらの領域だからな」

「宇宙仲人ネットワーク、ですか？」

「ああ、ちょっと待て」

宇宙さんはそう言うと、泉に手を突っ込んで、何かを引っ張り出しました。


「ああ、仲人ネットワークさん？

うちのコイケがついに結婚するって決めたから、
え？　ああ、そうそう、ようやくここまで来たっていうかな。

ま、オレの実力だけどな。

まあ、よろしく頼むわ。じゃ！」

そう言って、電話を切ると、携帯電話を泉に放り投げ、「さ、仕事終了」と言いながらキッチンへと飛んでいき、冷蔵庫を開けて大きな声を出しました。


「おお、なんだコイケ！

発泡酒から缶ビールに昇格したのか！」

……数日後、僕は恐ろしい光景を目にすることになったんです。

それは、深夜のことでした。

トイレに行こうとした僕は、浴室の電気がついていることに気づきました。

《あれ、消し忘れたっけ》

そう思って、消そうとしたとき、中から声が聞こえてきたのです。

「よお！　縁ちゃん、待ってたぞ。久しぶり！」

浴室のドアを少しだけ開けて、中をのぞいてみると、そこには

「……っつ！」

「ほおんと久しぶりよねー。だって、あなたのところのコイケちゃんだっけ？　全然縁結びのオーダーしないんだもの。来る機会ないじゃない」

「ま、再会を祝して乾杯しようぜ。

あいつ、ずっと発泡酒飲んでたんだが、やっと最近、ビールになったんだよ。

何から何まで、しょぼいヤツだよ。

でも最近ずいぶん変わったんだぜ」


「で、宇宙仲人ネットワークにいい女いた？」

《宇宙仲人ネットワーク？　先日宇宙さんが話してたアレか！》

「ふふふふ、いたわよー、ちょうど数日前に彼氏募集中の貼り紙した子！　コイケちゃんにぴったり。ほら見て！　どうかしら？」

「おおおお！　何！　めちゃくちゃいい女じゃないか。コイケにはもったいないぐらいだ！」

《アノヒト、僕がいないと思って好き放題……》

《にしても、見たい、その写真、見たい》

「じゃあ、段取りしておくわね〜」

「おう、よろしく頼むわ」

その翌日のことでした。

いつものように、お客様のパワーストーンブレスの問屋さんに仕入れに行ったのですが、いつも、優しく接客してくれる店員さんのことが、急に気になりはじめたのです。

宇宙とつながる「神社へのお参りのしかた」がある

お店は順調で、借金は減りつづけていきます。

「借金はまだあるのに、楽しくてしかたがないっていうのは、不思議なもんだなあ。ありがとうございます！」

ある日、店で僕がそうつぶやくと、宇宙さんが現れてこう言いました。

「おまえ、絶好調だな。
タイムラグにも負けず、
いいとき、悪いとき関係なくご機嫌でいて、感謝することも覚えた。
宇宙のしくみを理解してきたな。
よし、そろそろ、神社へ行くぞ」

「神社ですか。僕、ときどき、お参りに行きますよ。
特に旅行に行ったときとか」
「ちっが――う！
おまえが行かなきゃならないのは、
自分が住んでいる地域の神社、氏神んとこだろうが！
中田神社だ！　定期的に行け！
特に月の頭、1日の朝、必ず行くようにしろ」

「はい、わかりました。
でも、なんで、氏神様なんですか？」
「なんでもへったくれもない！
自分が住まわせてもらっている地域の神様に感謝を捧《ささ》げずに、
天照《あまてらす》に感謝したところで、それはただのミーハーだろうが！
芸能人がいたらキャーキャー言うのと一緒だ！
それよりも、今自分がいられること、

今一緒にいる人、今に感謝するべきだろうが！」

「なるほど。説得力ありますね」

「それに、**神社はな、宇宙神様ネットワークでつながってるんだよ！**」

「え……神様ネットワーク？」

「そうだ。だから、どこの神社からでもすべてお見通しってわけだ」

その次の月の1日の朝、僕はいつものように「ありがとう、愛してるジョギング」を行った後、言われたとおり、氏神様へお参りをすることにしました。

「ええと……」

早く借金返せますように！」

「バッカモーーン！
神社で、神に、
おねだりなんか、
すんじゃねえ！」

「えええ、神社って、
お願いごとをするところでしょう？」
「違う！　違う違う！
最近、ちょっとはわかってきたと思ったが、
やっぱりおまえはわかってない！」

神社では、お願いするな。〝おかげ様〟を唱えろ！

宇宙とつながるパイプやエネルギー循環のシステムは、地球にいくつもある。

ひとつは、個人個人の中にある、オーダー用のパイプ。

自分自身が持つ宇宙とのパイプをクリーニングして、宇宙とつながることが第一だが、それができるようになると、この地球上にあるさまざまなパイプを使って、エネルギーを循環させることが可能になる。

磁場がよく、エネルギーを発している場所、神社などは、宇宙に直接つながっていて、宇宙に想《おも》いを伝えることができるし、人と人との気の流れにもパイプはある。

このパイプの存在は、日本人は古来からよく知っているものだ。

いいことがあったとき、日々幸せなとき、「おかげ様で」と言うだろ？

あの「おかげ様」こそ、おまえが知らないところで動いてくれている、さまざまなパイプを行き交うエネルギーだ。おまえから見えない陰（かげ）でおまえのために多くの物事が動いているっちゅうことだ。


そして、日本人が大好きな神社だが、神社へ行く、宇宙に想いを伝える、と言うと、多くの人は「願いごとをする」と勘違いする。


実は、これは大きな間違い！

宇宙は壮大なエネルギーそのもの。

そして、エネルギーは、愛と信頼でできている。

人間も、お金も、そして宇宙も、エネルギーでできているものは、その存在を信じてもらい、認められ、愛されていると感じたとき、最大限の力を発揮する。

だから、神社に行き、することはただひとつ。
住所、名前を名乗り、自分の存在を明らかにしてから、宇宙への信頼と愛を伝え、感謝の念を送ること。
「おかげ様で、無事新しい月を迎えることができました。いつも素晴らしいエネルギーをお送りいただき、ありがとうございます。愛してます」と伝えろ。

お賽銭《さいせん》を供えるのも同じ、愛と感謝を宇宙へと伝える行動だ。

愛と感謝のエネルギーを宇宙に届けることで、エネルギーの循環がなされ、宇宙のエネルギーはめぐって、コイケに流れてくる。

神様の使い、烏天狗が現れた!?

それから数か月、必ず毎月1日の朝には神社へ出向き、神様と宇宙にお礼を伝えていたある日のこと。

僕は、気になっていた彼女をデートに誘うことにしました。

40歳、借金まみれの僕に、訪れた幸せ。

記念すべき初デートの場所は、おしゃれなバーか、はたまた水族館か……いろいろ考えに考えて誘おうとしたそのとき、宇宙さんが彼女の背後に現れてこう言いました。

「コイケ！　山寺に誘え！」

「や、山寺？　……山形県の？　あの階段が大変な？」

「そうだ。いいから誘えって！」

「や、山寺にでも行きませんか？」

「はい！　ぜひ！」

こうして、僕は、宇宙さんのよくわからないヒントに従って山寺へと彼女を誘い、その日はやってきたのでした。

山寺は、山形県山形市にある観光地で、山一体に小さな寺が点在しています。僕たちはふもとのお土産屋《みやげ》で団子を食べたり、雑貨を見たりした後、山の階段を登りはじめました。中腹まで来たときのこと、彼女が立ち止まって言いました。

「あ、ストールがない！」

その瞬間、僕は間髪入れずに、

「あ、僕取ってくるよ」

と伝えて、山の階段を下りはじめました。

彼女に、階段を何度も往復させるのがイヤだったからです。

僕に向かって彼女が「え？　コイケ君、どこにあるのかわかってるの？」と言ったのですが、僕は「大丈夫、大丈夫〜」と言いながら、階段を軽快に下りていったのでした。

「とは言ったものの」

実際はどこにあるのか、わかりません。

とりあえず、元来た道を戻ってみることにしたのです。

すると、その階段の途中で、強い風が吹き、

「お～い、僕、君のこと知っているよ～」

と声がしました。

見上げるとそこには……。


「だ、誰ですか？」

宇宙さん、宇宙仲人ネットワーク、と、不思議なものを見てきたせいか、変なものを見ることに慣れてきた僕は、先を急ぎながら、話しかけてくるソレに向かって返事をしました。


「はーい、**僕、烏天狗《からすてんぐ》！**

君はいつも、中田神社にお参りに来てるコイケちゃんだろう？」

「は、はい！　いつもお世話になっています」

「君、彼女できたんだって〜？

縁ちゃんに聞いたよ。

しかも初デートなんだろう？」

《何、あのヒトと知り合い？》

「はい！　とっても素敵な彼女なんです」

「んで、ストール忘れたのを取りに行くんだろう？

せっかくの初デートだ、
君も、いいところ見せたいよねえ？」

ニマニマする烏天狗。

「は、はい、そうですね、できれば」

「教えてあげるよ、セニョール〜」

そう言うと、僕の頭の中に、ストールが、茶屋の
椅子にかかっているイメージが現れました。

「じゃ、また神社に会いに来てくれよなあ〜」

烏天狗はそこで消えてしまったのですが、彼が見せてくれた場所へと足を運ぶと、本当にそこに、ストールがかかっていたのです。

こんな話をすると、特殊能力があるか、または、頭がおかしくなったかと思われそうですが、僕は宇宙さんが言っていたように、

「ああ、宇宙につながるいろんなパイプがあって、そこにはいろんな宇宙さんみたいなヒト（？）がいて、いろんなところからヒントをくれているのだなあ」

と思ったのでした。

「借金があるのに結婚」か、「借金を返してから結婚」か

その後も僕は順調に彼女と交際を続け「この人こそ、僕の生涯のパートナーだ」と確信が持てるようになったころ、あるコトが頭をよぎるようになりました。

それは、借金を完済するまで数年、彼女を待たせるのか、それとも借金があるまま彼女と結婚するのか、ということでした。

当時、借金の残額は１２００万円。

収入は増えつづけていますし、借金の返済にも悩まなくなったとはいえ、１２００万円の借金は決してよい印象ではないはずです。

さあ、どうする？

僕は彼女に、今の気持ちを話してみることにしました。

「君との将来のことは真剣に考えている。

ただ、僕には借金があるから……あっ！」

彼女は不安げに僕を見つめています。

気づけば、宇宙さん、縁ちゃん、烏天狗が後ろにいて、みんなこわい顔をしています。

「おまえまさか、彼女を待たせるつもりじゃないだろうな！オーダーしたカツ丼が残っているだけの話だろうが！」

「でも、借金のある僕といて、彼女が幸せになれるのかどうか」

「……おまえはどうなんだ？」

「え？　僕」

「借金がある自分が不幸だと思っているのか？」

「い、いえ、幸せです。楽しいです。だから今はもう、借金について忘れているぐらいですね」

「おまえ、すでに、カツ丼食いながら、

冷やし中華に手を出しとるやないか！
しかもニコニコしながらガッついている。
つまり、おまえの心の前提はすでに変わっていて、
以前のオーダーに苦しめられてはいないっちゅうことだ。
冷やし中華も、カツ丼も、どっちもおいしく食べている。
それはもう、目の前にカツ丼がないのと同じなんだよ！
借金地獄なんか、コイケにはもうない！
今や借金天国だろう？」
「……は？」
「おまえ、前にこう言ったよな。
『目の前のカツ丼、すぐ消えてくれないか』って。
その唯一の方法は、カツ丼も冷やし中華も嬉々《きき》としてガッつくことだ。
そして、おまえは最高級の冷やし中華を今、目の前にしている。
食わないのか？　食わないならオレが食うぞ」
「え！　イヤです！」

僕は彼女を見つめました。

「僕には借金がある……」

「……けど」

宇宙さん、縁ちゃん、烏天狗がじっと見ています。

「結婚してください！」

「はい！」

そこからはトントン拍子に話が進んでいきました。

彼女は、まったく僕の借金を心配などしていませんでした。

彼女のご両親へごあいさつしたときも、

「借金がありますが、必ず返します」

と言う僕に、彼女のご両親は、

「娘にも苦労させてやってください」

と頭を下げてくださったのです。

こうして僕は人生最高の伴侶を得て、間もなく、かわいらしい娘をふたり授かりました。もしも僕が、「借金を返し終えてからでないと結婚できない」と突っぱねていたら、最愛の人は僕の元から去ったかもしれません。天使のようにかわいらしい娘たちに出会うこともなかったでしょう。

宇宙さんに出会ったころ、僕が最初に宇宙にオーダーしたのは「借金を10年で返す」というものでした。

しかし、宇宙のしくみを理解してからは「僕や、僕の大切な人や、僕のつくったブレスレットに出会う人が幸せになること」というオーダーに変わっていき、いつもそう唱えるようになりました。

それは、つまりオーダーとは、愛と感謝から発信するエネルギーであると気づいたからです。

パートナーの力でオーダー力は倍になる！

結婚式の日、宇宙さんはただひと言だけ、僕に言いました。

「おまえ、絶対に、絶対に、
妻にお金の心配をさせないと誓え」
「もちろんです！」

結婚後、家計は僕が管理。借金返済は驚くほど順調に進んでいきました。
その月の売り上げ、借金残額の詳細などは、妻には伝えず、余計な心配をかけないようにしました。
僕の中では、結婚当初、借金返済とは別に毎月80万円を家に入れるというオーダーをしていたのですが、妻が願っていたことは「毎日家族で幸せに夕ご飯が食べられま

すように」ということだけでした。

宇宙さんにそのことを話すと、

「夫婦っていうのは、共鳴し合っている。

互いを100％信じていれば、宇宙へのオーダー力は増していくわけだ。

コイケの奥さんが、幸せな時間をオーダーし、
コイケがそのために必要なお金をオーダーする。

まさに理想的なオーダーだ」

と、楽しそうに笑っていました。

確かに、妻は僕のことを100％信じてくれていました。

「ヒロシくんが言うなら、そうなるね」

と一貫して、疑わない人でした。信じてもらえているという喜びと愛情が、僕のやる気に火をつけていました。


また、結婚後、僕の元には、縁ちゃんがたびたび遊びに来るようになり、愛する人との円満な関係についてのヒントをくれることもありました。

デパートで買い物しようとしていたときのこと、縁ちゃんが僕の耳元で言います。
「コイケちゃん！　あのね、
自分が服を買うときは必ず、奥さんにも買ってあげなさいね。
そして、奥さんに服買ってあげるときは、
絶対に、ケチらないことよ！」
「うんうん、縁ちゃん、僕もぜひそうしたいと思ってるよ」
「男って特にね、奥さんをどれだけ幸せにしているかが、
自己肯定感につながるの。
自己肯定感があると、エネルギーを循環させられるのよ。
エネルギーが循環していると、どんなこともうまく運ぶわ。
だから、値札を見ないで買い物してもらうことよ。
お金の高い安いにとらわれることなく、好きなものを買う。
気に入ったものだけを買う。
それを奥さんと徹底するといいわ」

男は「女神を幸せにしてるオレっていい男」と言え

コイケちゃん、やっと幸せになれたのね。

おめでと。

ここでは、男と女の愛の築き方について、特別講義をさせていただくわ。メモ取りなさい、メモ。


まず、男はね、女に対して「してやってる」なんて思ってはいけないわ。


女は女神なの。

自分の一番身近な愛する人を、女神だと思って接しなさい。

夫になっても、亭主関白なんてとんでもない！

「おい、お茶！」

って言われたら、お茶ぶっかけられてもしかたないわね。

妻に対して「オレが稼いでやってる」なんて思わないことよ。

むしろ「僕がこの女神をずっと幸せでいさせているんだ」と思いなさい！

そして、そうできている自分に「オレ、すげーいい男かも」と言うことよ。

彼女の幸せ度がそのまま、あなたの自己評価を高めるの。「彼女を幸せにしている」「もっと彼女を幸せにする」という思いは、宇宙へのオーダーとなって、願う現実を引き寄せるんですから。

あと、これが大事！

宇宙ちゃんがいつも、

「エネルギーとは信頼と愛」

って言っているけれど、これは、夫婦間でも、子どもとの間でも、まったく同じことなの。

お互いを100%信頼し合って、愛を伝え合って、お互いの幸せを宇宙にオーダーできれば、その力は倍、いや、何十倍にもなるわ!

だからこそ、パートナーには「愛してるよ」と伝えなさい!
「今さら恥ずかしい」なんて思うのはもったいないわ。
もしも、どうしても恥ずかしいなら、
最初は、パートナーに対して「愛してるビーム」を打つこと。
そのうちポロッと
「愛してるビーム!」
って口から出ちゃうかもしれないわね。
それって、最高よ。

女は「男が女を幸せにする場面」を奪ってはいけない

そして、女は、男の世話を焼きすぎないこと。

日本の女性は特に、相手の役に立つことで、自分の価値観を高めようとしたり、相手をいいほうに導こうとして相手を変えようとしたりする傾向があるけれど、それってナンセンスよ！

何かをしてあげて愛してもらおうなんて、そんなの子どもっぽいし、依存でしかないわ。

男はね、信頼されたい生き物なの。

そして、自分が自分の女神様にしてあげたことを、心から喜ばれたい生き物なのよ。

そう、男は、女が考えているより、単純なのよ。

だからこそ、女は男を100％信じること。

母親のように面倒を見るんじゃなく、**男が女を幸せにするために努力する場面を奪わない**ことよ。

そして、幸せな時間をつくった男に、心から感謝することね。

それから、大和撫子《やまとなでしこ》なんて、時代遅れよ。

黙って、耐える、なんて、とんでもないわ。

言いたいことは、きちんと伝えること。

そのときに大切なのは、よく言われることだけれど、

「私はこうしたい」「私はこうされたい」

って、「私」の目線から意見を言うこと。間違っても、

「あなたはなぜいつも……するの？」

と相手を糾弾しないことね。

何度も言うけれど、男は、信頼を寄せてくれて、「オレが幸せにしている」と思える女を大切にする生き物なんだから。

不幸増産体制の「ドM生産ライン」を断ち切る方法

結婚した翌年、僕たち夫婦は借金を抱えたまま長女メメを授かり、それから2年後に、次女ミーを授かりました。

借金返済は続いていましたが、僕の人生は幸せ色に輝いていました。

最愛の妻と娘たちが、日々幸せであること。

それが僕の最大のオーダーになり、僕のテンションは上がる一方です。

僕の娘たちは宇宙へのオーダーを心得ています。

仕事帰りになんとなく、ケーキを買って帰りたくなって、買って帰ると、娘がニコニコしながら「宇宙さんにお願いしたんだあ」と言い、「大きくなったらお菓子の家に住む」と、心の底から信じているその姿に、僕はあることを実感していました。

《僕もかつてはこんな感じに、無邪気な心で宇宙にオーダーしていたんだよな》

ある日、家族が寝静まったリビングで、缶ビールを開けながら、僕は宇宙さんとこんな話をしました。

「ほおんと、子どもって、宇宙へのオーダーが上手ですよね」
「そりゃあ、まだ、宇宙パイプがピッカピカだからな。
サンタも完璧に信じてやがる。
本来、あれが、人間が持つオーダー力なんだが、
家族の中で、どんどん、変な口ぐせが身について、
オーダーがどんどんヘタになる。
せっかく宇宙から、地球へ遊びに来ているのに、
行動しないニートがどんどん増えていっている。
これはある意味、宇宙の誤算だ」
「誤算？」
「おまえらが、もっと行動したい、スリルを味わいたいって言うから、
地球に恐怖や悲しみまで用意したっていうのに、
当のおまえらは、そのことをすっかり忘れてしまってるばかりか、

恐怖や悲しみに足を引っ張られて、行動しないっていう、意味のわからない世界をつくり、自殺者まで出る始末だからな。オーダーを届ける側からすれば、バカにしか見えん。コイケなんざ、その最たるものだ」

「……」

「まあ、家族ってのは、愛というエネルギーの源でありながら、人間にさまざまな前提を植えつける元凶でもあるからな。宇宙にあるすべてのものは、愛を必要としている。それがゆえに、どんなにつらい目に遭っても、我慢を強いられても、必死で愛を得ようとする、ある意味健気《けなげ》な生き物で、総じてドMだ。この家族間で生み出されるドM生産ラインを断ち切らない限りは、本来のオーダー力を取り戻すことはできない」

「本来のオーダー力？」

「私だけ幸せになっていいの？」ドMヒロインは今すぐやめろ！

生まれたばかりの子どもは、ピッカピカの宇宙パイプを持っている。

どんな願いもかなうと心から信じているし、宇宙のことも全面的に信じているから、どんな願いも、即、かなってしまう。

しかし、そのピュアな感性ゆえに、家族の中に流れているエネルギーを察知する能力にも長《た》けている。

特に人間の子どもは、ひとりでは生きていけない。

とりわけ、母親の心に敏感になってしまう。

それが、地球にやってきてはじめて感じる恐怖や不安となり、家族の中に欠けている部分や、母親が必要としている役割を瞬時に見抜き、その役割を自分の人生のロールプレイングゲームのあらすじに取り入れて、シナリオ化してしまう。

ただ単に、地球でのゲームを楽しめばいいものを、母親をまず幸せにしなくては、と頑張りはじめ、期待に応えようと必死になってしまう。

その結果、母親が笑顔でいられない原因はすべて自分にあると勘違いして、母親の期待に応えられない自分を責め、愛されていないのだと勘違いする。

そして、自分は母親を幸せにできないダメなヤツだと思い込み、ネガティブな口ぐせを覚えはじめる。

こうして、少しずつ宇宙パイプが詰まってしまい、オーダーがかなわなくなり、さらにネガティブな口ぐせをつぶやき、自分を貶めていく。

これが、ドM生産ラインだ。

しかしだな。

そもそも考えてみろ。

母親が不機嫌な理由、幸せでない理由、笑顔でない理由、それがすべて自分のせいだというのは、実に、おこがましい話だ。親は親で、自分のオーダーがかなわないからって、子どもにやつ当たりしたり、そのオーダーを代わりにかなえさせようなんざ、アコギすぎるぜ。

母親には母親の人生がある。
父親には父親の人生がある。
おまえにはおまえの人生がある。
おまえの子どもにはおまえの子どもの人生がある。

その誰かが不幸であるというなら、それは、本人が、宇宙にオーダーした結果なのだから、本人の選択だ。本人がどんだけ不幸な面をして苦しんでいたとしても、それが、本人の望みだっちゅうことだ。

コイケも、借金してアホみたいに鼻水垂らして号泣していたが、今は、それが自分のオーダーだってことがよくわかってるだろ?

そう、みんな、ひとりにひとつの宇宙を持っているんだから、自分の宇宙を自分の願いどおりに楽しめばいい。

人の宇宙までどうにかしようなんて、図々しいと思え。

それが、親だろうと、子どもだろうと、だ。

母親の不幸は母親に任せればいいし、子どもの幸せは子どもが選ぶ。相手に対して「自分の宇宙を幸せにする力がある」と信じることこそ、本物の愛だ。


ただし、自分の宇宙に対してだけは、自分に責任がある。

自分の宇宙だけが、自分で変えられる唯一の世界だ。

だから、詰まらせてしまったパイプの責任を、他の誰かのせいにするな。

どんな理由があるにせよ、本来人間が持っているオーダーの力を取り戻したいなら、奇跡の口ぐせで浄化して、自分のパイプを蘇らせるしかない。

そして、**自分の子どもに最高の人生を送らせたければ、おまえが自分の願いがどんどんかなって幸せになっていく姿を見せるだけでいい。**

子どものように願い、子どものように受け取れ。

それだけで、長いこと家族の間で連鎖してきた負債口ぐせも、ドM生産ラインも断ち切ることができる。

家族同士の宇宙はより密接につながっているから、ひとりの宇宙が変わりはじめると、家族の宇宙まで変わるなんてこともよくある話だ。

だから、「僕だけ幸せになるなんて」なんて思う必要はない。むしろ、まずはおまえが幸せになれ！

宇宙の真理に気づいたヤツが、まず変わるんだ！

ドM
生産ライン
鮮度第一
めっちゃ不幸♥
どうせオレなんて♥
うちってビンボー♥
オラ オラ!!

さぁ、「○○な人しか幸せになれない」時代がやってきた！

「なんか、人間の心って繊細にできているんですね」

「まあ、親から子へと受け継がれる経験や思い、つまり常識や前提っていうものは、もともとは、地球に遊びに来た入れ物を壊さないようにするために、長い歴史の中で少しずつ貯められた英知だったんだろうがな」

「英知ですか……」

「地球では今、二極化が始まっているからな。もう昔ながらの方法は通用しなくなっているってことだ」

「二極化？」

「そう、あまりにも人間の不幸体験の連鎖が止まらず、全然奇跡のオーダーが届かないもんだから、宇宙が修正を始めたからな。宇宙のしくみがもっと簡単にかなうように。だから、この先は、**幸せな人だけが幸せになれる**」

「え？　不幸な人は幸せになれない？」

「正確には、不幸だと思って不幸な口ぐせを続けている人間は、だ。幸せな人間はもう幸せしか見えなくなるし、不幸な人間はどんどん不幸になる」

「ひえぇぇぇ。ど、どうしよう、どうしよう」

「……おまえ……相変わらず性格が不幸だなあ。おまえはもう不幸な口ぐせなんてつぶやいてないだろ？　逆戻りするつもりか？　このバカが」

「あ……そうか」

「『あ、そうか』じゃねーよ！　だから！　全人類が口ぐせを変えて、奇跡をオーダーすればいいじゃないか」

「そっか。宇宙に定員はないんですもんね」

そんなある日。

僕はあるデパートの前で立ち止まったのです。

そこには、ロレックスのペアウォッチが並んでいました。

「借金返済したら、絶対にこれを買おう」

「おいコラ、コイケ！」


「あ、宇宙さん。どうしたんですか？」

「今、『借金返済したら、これを買う』と言ったな？」

「はい、言いましたけど」

「だからおまえはバカなんだ！」

「え？」

「今買え！」

「え？　えぇぇぇ!?」

「今すぐだ！　今！」

「なんでですか？

借金返したときのご褒美じゃあ、ダメなんですか？」

「ダメだね」

「どうしてですか？」

「どうしてもこうしてもない。

『今はお金がない』っていうその思考が問題なんだよ！

金はある。十分にある！

そう思え！」

「お金がなくっても？」

「なくってもだ！

金なんて、いくらでもある！

腐るほどあるわ！」

ほしいものを見るたびに「お金はたっぷりある」と言え

金持ちになりたいなら、金持ちを装う。素敵な結婚をしたいなら、今日相手に出会うかのように振る舞う。

地球上にある本にたくさん書かれていることだが「なりたい自分を装うと願いがかなう」というのは、本当だ。

ただ、そのしくみを理解している人間は多くない。

思い描く自分になる、ほしいものを手に入れるために、すでにそういう自分であることを演じるというのは、宇宙への強力なオーダーになる。

コイケが見ていた、ロレックスもそうだ。

「ちゃんと借金を返して、ロレックスが見合うようになったら買おう」

ではいつまでたってもそこにたどりつけない。

または、たどりつくまでに時間がかかってしまう。

「ロレックスが見合うように、ロレックスを買う」

と、状況は一転する。

ロレックスを買ったという事実、いつもそれが目に入る状況を得たことで、それにふさわしい自分というのが、よりリアルにイメージできる。さらに「ロレックスを買ったんだ」「ロレックスを買ったよ」と口にすることで、宇宙へのオーダーは強力になる。

だからこそ

「ロレックスがほしい！」「ロレックスをいつか買うぞ！」

ではなく、多少無理をしてでも

「ロレックスを買った！」

と言えるようにする。

言葉の力は偉大だ。その状況に追いつくように、ロレックスが似合う人の収入が入ってくるようになる。

また、お金がもっと入ってくるようにしたいなら、「私には十分なお金がある」を口ぐせにし、常に、その証拠を探し、紐《ひも》づけをしていくことだ。「今日ご飯が食べられた」「今月の家賃を支払えた」だから「私には十分なお金がある」と。

宇宙には、善悪の判断ができないと教えた。そして、宇宙には、事実と既成事実の区別もつかん。だからこそ、装ってしまえば、それが現実になるってことだ。

運命はあざなえる縄、絶対に一場面で判断するな

それからしばらくしたある日のこと。

お客様の来ない店内で、掃除をしながら「ありがとう」を唱えている僕の前に、宇宙さんが現れました。


「おい！　コイケ！」

「わ！　また突然！」

「今から、車買いに行け！」

「は？　車？」

「そうだ。おまえ、軽自動車をやめて、ファミリーカーがほしいって言ってたろ？」

「い、言いましたけど、何も今じゃなくても」

「買うっていったら買うんだよ。

来週ドライブに行く前に、買いに行け！

じゃないと、オレが乗る場所がないんだよあの車！」

「ま……またそんな！　ドライブについてくる気ですか？」

「いーから買いに行けー!!」


宇宙さんに店を追い出された僕は、妻に電話をし「今から車買いに行くから～」と伝えました。妻は「ヒロシくん、大根買いに行くみたいに車買おうとしてる！」と驚いていましたが、これも何か意味があるのだろうと思い、先日インターネットで見ていた中古車のディーラーさんへ行ってみることにしたのです。

高速に乗り、向かった先。

仙台のとあるインターチェンジを降りてすぐのところに、僕がほしいと思っていた車が60万円で売っていることをチェックしていたのですが、到着してみると、なんと、休業。ドアの貼り紙には「社員研修のために年に1度だけお休みしております」との文字。

「ガーン。なんで今日に限って年に1度の休み？」

僕はショックを受けて、宇宙さんをにらんだのですが、ぷかぷか浮かんだ宇宙さんは鼻歌を歌っています。

その姿を見て、さすがにこのまま帰るのは癪《しゃく》な気がしてきた僕は、

「絶対、今日車買う！」

と宣言し、近くのお店を調べ、メーカー直営のディーラーに行くことにしました。

「いらっしゃいませ～」

いかにも新米の、若い販売員さんが出てきました。

「ネットに出てたのを見せてください。で、できたら今の車を下取りに出したいので、査定もお願いします」

「え？　査定ですか？」

「はい！　査定のご担当者さんはいらっしゃいますか？」

「はい、僕です。でも、やったことないんですよねえ」

「え!?　でも、担当者さんなんですよね？」

「はい～、そうです」

「な、なら査定お願いします！

査定して見積もり出してもらえますか？」

「え？　見積もりですか？」

「はい」

「見積もり〜、やったことないんですよね〜」

「え、やったことない!?　でも、担当者さんなんですよね？」

「はい〜、そうです」

「な、なら見積もりお願いします」

「うーん、じゃあ、部長に電話で相談しながらやりますので、少しお待ちくださいね」

《だ、大丈夫なのか？》

ほんの2、3分後、彼は戻ってきてこう言いました。

「査定ゼロですね〜」

「えええ？　でも、車検まるまる2年残ってるんですよ？　その分ぐらいは査定つきませんかね？」

彼は、頭をポリポリとかきながら、悪びれもせずこう言います。

「でもゼロなんです」

「そ、そんなことあるの？」

「それより、ここまでどうやっていらしたんですか？」

「え？　高速で来ましたけど……」

「え？　なんで高速で来たんですか？

ここまでだったら、高速使わないほうが早くないですか？」

「え、いや……」

「なんで高速なんですか？　僕だったら高速には乗りませんよ〜」

「は？」

「だって、遠回りじゃないですか〜」

「……」

よくわからないやりとりが延々と続くなか、宇宙さんがニヤニヤと楽しそうに笑っています。

《何！　あのヒト！　僕のことからかってんの？》

「ちょっと！　何イタズラしてるんですか！

あなたがドライブしたいって言うから、買いに来たのに、
邪魔ばっかりして!!」

「邪魔じゃねーよ！」

「あんな、おかしな販売員出してきて、
絶対邪魔じゃないですか！」

「なんだと！　このコイケめ！

しのごの言わずに、行動しやがれ！」

「行動した結果がこれじゃないですか！」

「この一瞬だけをちょんぎって、判断すんな！

コイケのくせに生意気な！」


宇宙さんのイタズラに、ますますこのままで帰ってやるものかという気持ちになった僕は、車に乗り込み、スマホで近くの中古車屋さんをチェックしはじめました。

「今日じゃなくてもいいんじゃないの？」

と妻は言いましたが、

「いや、買わなくてもいいけど、行く。

僕は、ちゃんとした接客をされたい。

で、ちゃんと見積もりを出してもらって『検討しますね』と言って帰りたい。

気持ちのいい接客をされたいんだ」

そう妻に伝えて、僕たちは3軒目のディーラーへ向かったのです。

そこには、中年の落ち着いた感じの販売員さんがいて、僕らを丁寧に出迎えてくれました。

「ホンダのライフを下取りに出して、オデッセイを購入したいんです」

希望の車種を見せてほしいと伝え、下取りできるかどうか見積もりを取ってほしいと伝えました。

「ライフのグレードはなんですか？」

「グレード？　いやわかりません」

「そうですか。ライフは販売員が見てもグレードがパッと見ではわからないんですよ。

どちらで購入されましたか？」

「○×のＪＡの自動車販売部です」

「ああ、あそこにKさんっていう方がいらっしゃるんですが、うちからもたくさん車を入れてくださるんですよ」

「え？　Kさん？　Kさんは、僕の先輩で、彼から車を買ったんですよ！」

「そうなんですか？　じゃあ、きっと、元々はうちにあった車ですね。ちょっと調べて査定しますのでお待ちくださいね」

《何、この素敵な流れ！》

しばらくすると、販売員さんが戻ってきました。

「小池さん、これ、実は、限定車ですよ！　車検も取ったばっかりということですし、うちでは10万円で買い取りますよ」

「え！　本当ですか？　10万円足せば、ここで販売されているオデッセイに手が届きますね。しかも、12か月保証がついてるんですよね？」

「え？　12か月保証？」

販売員さんが首をかしげます。

「はい！　インターネットに書いてありましたよね」

僕がそう言うと、彼はすぐに事務所に調べに行き、戻ってきてこう言いました。

「あっ、これ、間違いですね。申し訳ありません、これ6か月なんです」

「そうなんですか〜」

「ああ、でもこれはうちのミスなので、所長に確認します」

販売員さんはしばらく席を外して、所長室へ行き、戻ってきました。

「こちらが、12か月と書いてしまっていたので、今回は12か月の保証をつけさせていただきます。ライフもともとうちにあった車ですし、すぐに買い手もつくでしょうから。あと、オデッセイはこちらで車検を通してからお渡ししますので、タイミングベルトもつけかえちゃいましょう」

「ほ！　本当ですか？？？」

1軒前の意味不明なやりとりから一転して、なんともラッキーな話。

即決したのはいうまでもありません。

帰り道の車の中で、妻がこんなことを言いました。

「1軒目のお店がお休みで、2軒目の高速道路の話にこだわる若い販売員さんがいなかったら、こんないい話に出会えなかったね。よかったね、パパ」

「本当だね、よかったよかった」

そう言って、バックミラーを見ると、バックシートで宇宙さんが満面のドヤ顔で座っていました。

《まさか！　ここまで回りくどいことを……》

その夜、僕は宇宙さんにたずねてみました。

「もしかして、今日の3件のできごと、宇宙さんの仕業ですか？」

「仕業？　仕業じゃなくて、宇宙の采配と言え」

「でも、僕が途中であきらめて帰っちゃってたら、車買えなかったじゃないですか」

「そう、そのとーりだ」

「一寸先はヤミ」を「一寸先は光」と言い換えろ！

宇宙にオーダーすると、必ず、宇宙はドラマティックなストーリーを考えながら確実に実現させていく。

これは何度もコイケに教えた話だ。

オーダーしたら、とにかく、ヒントに従って動けばいい。

日本には、昔から多くのことわざがあって、オーダーを受け入れる言葉と、受け入れない言葉とが存在している。

たとえば、「二度あることは三度ある」と「三度目の正直」。

オーダーしたのに、うまくいかないとき、どうとらえるかがすべてを決める。

オーダー後、うまくいかないことが2度続いたとき、「二度あることは三度ある」と不安になって、あきらめモードになるのか、それとも「三度目の正直」と思って、さらに行動できるか。
これが、オーダー実現を左右する。

一寸先はヤミ……なんて言うヤツがいるが、
いいか、本来、「一寸先は光だ」。
どんなどん底でも、次の瞬間、ありえない奇跡は起きる。
ただし！　それを心の底から信じていれば、だ。

究極の入金口ぐせで、加速度アップ

　ある日のこと、東京の心理学講座へ出張に出かけていた僕は、デパートで妻と子どもたちへのお土産を買おうとしていました。

　そのとき、ふと、前からほしいなと思っていたポール・スミスのお財布に目がとまったのです。すると、宇宙さんが現れて僕にこう言いました。

「おい、コイケ！　それだ、それだ、それを買え！」

「え？　このお財布？」

「そうだ、それだ。

　おまえが一番、使っていて気持ちがいい財布を持つことは、お金が入ってくる大事なステップだ。

　お金がエネルギーだということは、もう何度も教えたが、エネルギーを発するモノ同士は、宇宙でつながっている。

「え？　お金同士も？」

「もちろんだ。

そして、常に情報交換をしている」

「え？　お金が情報交換？」

「そうだ。だから、お金に好かれる使い方をしない限り、お金は離れていき、二度と戻ってこない。

お金は、愛と信頼のエネルギーだから、ニコニコしながら、楽しくお金を使い、入ってきたとき純粋に喜んでくれる人間が好きだ。

さらに、お金が帰ってきたいと思えるような、財布に帰ってくる。キレイに揃えてお金が心地よく過ごせる環境をつくることが、お金を循環させるカギだ。

お金コミュニティは、こんな会話をしているんだ」


「あそこの財布どうだった？」

「きったないから、行かないほうがいいわよ」

「あっちの財布はどう？」

「なんか、持ち主がケチでね、
なかなか使ってくれないから腐りそうになっちゃったわ」
「そうか、じゃあ行きたくないな」
「あたしももう戻らないわ」

「ねえ、いい財布あった？」
「さっきまでいた財布、よかったわよ～。
持ち主もニコニコしながら出迎えてくれるし、
財布の中はキレイだし
気持ちよく送り出してくれるし」
「オレもそこに行ってみたい！」
「いいわよ、じゃあ、今度一緒に行ってみましょう」

「……そうなんだ。お金同士が会話かぁ」
僕は素直に、ポール・スミスの財布を手に取り、次に、妻がほしいと言っていたコーチの財布を手に、レジへと向かったのでした。

その日から、財布にオイルを塗ったり、お札をキレイに揃えたり、居心地のよい財布づくりを心がけるようにしました。

しばらくたったある日、レジ締めをしているところに、宇宙さんが現れてこう言いました。

「おいコイケ。

もっと借金を早く返す

究極の入金口ぐせを教えてやる」

「えええ、教えてください！　なんでもします！」

「払えるオレって、すげえ!」を1日10回言え

今から究極の入金口ぐせを教える。

月の支払いや、お金を払ったとき、

「払えるオレってすげえええ!」と叫べ!

ま、ドMなコイケには似合わないセリフだが、これが一番効果的なんだ。

払える自分、宇宙を信頼することになるからな。

それから、お金を払うときに必ずこう言え!

「ありがとう。いってらっしゃい。お友達を連れて帰ってきてね」だ。

さらにもうひとつ!

お金が入ってきたとき、レジ締めのお金を1枚ずつ丁寧に数えながら、

「おかえりなさい。ありがとう。愛してます」と言うんだ。
お金はうれしくなって、どんどんコイケのところに集まってくる。
ウソだと思うなら、やってみな！

ついに来た！借金2000万円、完済の日

それからの僕は、どんなに小さな額の支払いにも、
「払えるオレってすげえぇぇ」とつぶやき、
何かを買うときは、
「ありがとう！　お友達連れて帰ってきてね」と言い、
毎日のレジ締めでは
「おかえりなさい、ありがとう、愛してます」とお迎えしながら、
借金を前倒しで返す快感を味わっていました。
ゾロ目の車のナンバーを見ても、ピンクのクラウンを見かけても、タイミングよく信号が青になっても、なんの躊躇もせず「やった！　これで、願いがかなったぞ！」とつぶやきながら……。

そして、ついにその日がやってきました。

コイケ「いい？　準備できた？」
妻「うん」
（宇宙さん「おう！」）
長女「どこ行くの？」
コイケ「すっごく楽しいところ！」
次女「行きたい、行きたい！」

宇宙さんが現れ、「借金返済」をオーダーしてから、9年。
最後の返済の日は、オーダーよりも1年早く訪れました。

コイケ家は、まるで遠足にでも出かけるかのように、家族4人で揃って日本政策金融公庫（旧国金）へと出向きました。

それはもう、お祭り騒ぎですよ。

そしてその瞬間！

最後の21万2389円。

国金の人にお渡しした瞬間、そこで大声で叫んで両拳を突き上げ！
雄叫びを上げ！　……

たかったんですけど、他にもたくさんお客様がいて、厳かな雰囲気だったので、心の中で小さくガッツポーズをしちゃいました。

それから、家族全員で、寿司屋へ直行です。

妻「終わったね」
コイケ「終わった！」
（宇宙さん「終わったなあ」）
妻「ご苦労様」
コイケ「ありがとう！」
（宇宙さん「ふ、まあ、これぐらい朝飯前よ」）

「いやあ、コイケ家は、本当に幸せだね」
僕は妻にそう言ってから、ぷかぷか浮かんでいる3

人組に目をやりました。

すると、娘が、僕が見た方向を見て、こんなことを言いはじめたのです。


「そうだ！　パパ！　メメちゃんね、ミーちゃんと一緒にお空に浮かんでいたんだよ！」

「へえ？　そうなんだ」

「それでね、パパとママを選んで、神様に『あのパパとママのところに産まれることに決めました』って言って来たんだよ～」

「そうなの？

……僕は、なんて幸せなんだろう」

ちょっと!! あなた!! 聞いたわよー!!
宝くじに当たって 祝賀会やってるんですって〜!!

エピローグ 未来は決まっていた

その夜、家族が寝静まった後、僕は、冷蔵庫に行き、とっておきのアレを取り出しました。プシュ。

「ん？　あれ？　コイケ、それ発泡酒じゃん？」

「そう、今日はこれで乾杯かなと思ったんです」

「はっはー、おまえも宇宙に似て、ドラマティックになってきたじゃねーか」

僕は、宇宙さんと静かに乾杯しました。

「あのとき、宇宙さんがシャワーヘッドから出てきて、

僕に人生を『やめるなよ』って言ってくれなかったら、

僕は自己破産するか、死ぬかどっちかだったと思います。

あのときやめないでくれた僕がいたから、

宇宙さんがやめないように僕をスパルタ教育してくれたから、今の僕がある。
本当に、本当に、ありがとうございます！
あと……
僕のこと信じてくれて本当にありがとうございました。
世界一の妻に会わせてくれて、
娘たちを僕のところに呼んでくれて、
本当に、本当に、ありがとうございます。
僕は今、本当に幸せです」

「はっは～。なんだよ改まってよ～。
ま、おまえもオレの偉大さがわかったようだな。

でもな、ひとつ教えてやる。
『やめるな』って囁《ささや》いたのは、オレじゃないぜ」

「え？」

「あれは、オレじゃない。今の、おまえだよ」

「ど、どういうことですか？」

「じゃあ、完済のお祝いにとっておきの、宇宙のしくみを教えてやる。

実はな、おまえたちが過去から未来へと流れていると思っている時間だが、宇宙には時間の概念なんてない。

強いて言うなら、**未来から過去へと流れている**と言ったほうが正しい」

「未来から過去へ？」

「今のおまえは、借金を完済するのを知っていて、過去のおまえにメッセージを送ったんだよ」

「えぇぇ？　過去の自分へのメッセージですか？

そんなことできるんですか？」

「できるに決まってるじゃねーか。

じゃなかったら、なんでオレは、
過去と今と未来を行ったり来たりして、
おまえの面倒見てんだよ」

「えぇぇ？　宇宙さん、過去と今と未来を行き来してるんですか？」

「そうだ」

「え、てことは、未来も知ってたってことですよね？

僕が完済するのも？

これからの未来も？」

「知ってるけど、何か？」

「えぇぇぇ、僕、10年後どうなってます？」

「おまえはバカか！

それを体験したくて、地球で遊んでるのに、
教えたら面白くないじゃないか。ズルしてどうすんだ」

「……」

「強いて言うなら、未来の自分からのメッセージをキャッチしろ」

「未来の自分からの？」

「そうだ。それが宇宙からの一番のヒントだ。

そして今の自分が、過去の自分にヒントを送りつづけろ。

愛と信頼と一緒にな。

さあ、過去のおまえにメッセージを送りな」

「え？　そんなこと、できるんですか？」

「今のおまえだからできるんだ！　借金を返した今日のおまえだから、

あの日のあいつに届く言葉を送れるんだ。

オレはコイケが小さいころからずっと、

宇宙が願いをかなえてくれるって教えてきたのに。

あいつ……途中でそれを忘れちまった。

宇宙の声なんて聞こえるわけがないという世間の常識ってヤツに負けてな。

そして、宇宙パイプをどろどろにして借金まみれになりやがった。

宇宙にオーダーして借金を完済した今のおまえが呼びかければ、
あいつはきっと応えるはずだ！

それに、今のおまえは、過去のおまえが借金を返すのをやめたら困るだろう？」

「はい！　それはもちろん！」

「なら、今のおまえが9年前のおまえに会ったらどうする？

あのときの、死にそうな、ヒーヒー言ってるコイケに」

「どうするって……

今の僕は、すでに借金を返済していて、
幸せに生きているのがわかっているから、
死ぬのも失踪するのも、断固として止めますね」

「そうだろう？　じゃあ、止めろ」

「え？　どうやってですか？」

「時間は未来から過去へと流れている。
つまり、未来からの声は過去に届く。
過去は変えられるってことよ。
だから、過去に向かって呼びかけろ！」

「やめないで、やめないで。
今やめたら、ダメだよ。
君は必ず幸せになれるんだから。
未来の君は本当に幸せで、
頑張ってくれた過去の君に
感謝しているんだから」

「だからお願い、やめないで。
絶対に、やめないで」

「んじゃ、オレは過去のコイケ、教育してくるわ～
また、後でな、コイケ」
そう言って、シャワーヘッドへと、宇宙さんは消えていきました。

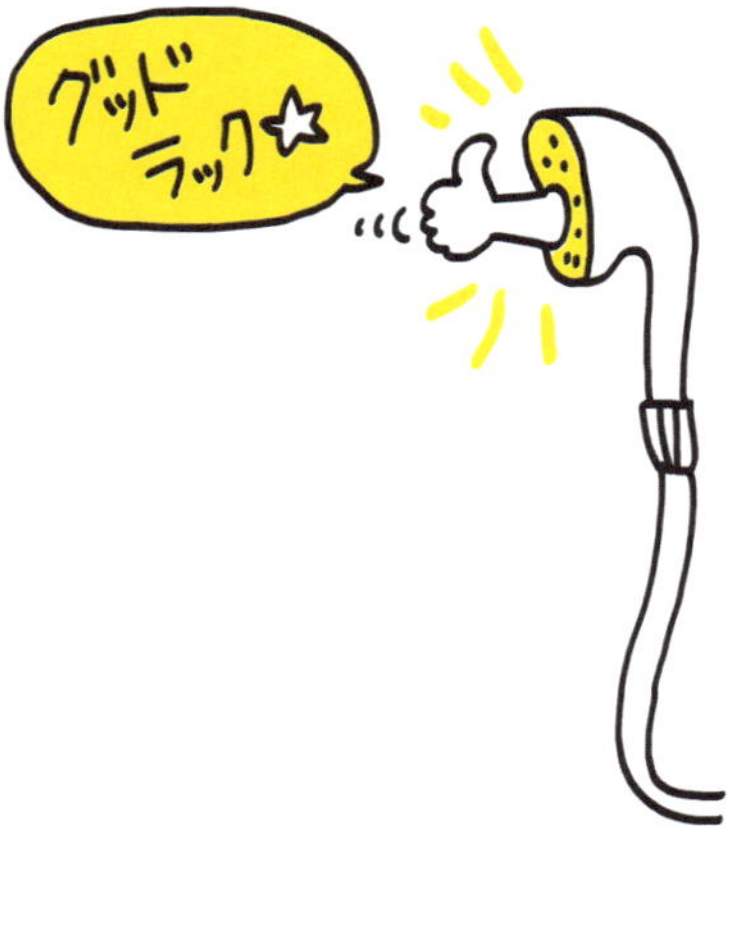

あとがき

テレビCMでやってますよね？

〝あなたの過払い金、戻ってきます。今すぐお電話を！〟

この言葉に、僕もすぐに飛びつきましたよ。12年前、当時抱えていた借金2000万円のうち、600万円をいわゆるヤミ金から借りていたから、「僕のためのCM!?」と思ったくらいです。さっそく法律事務所に出向きました。


「それでは、どこにいくら借りていたか、内訳と金融機関を教えてください」

「はい、A金融に、250万円」

「え？　A金融!?　あーっ、それ、一番借りちゃいけないとこだ！　次は？」

「はい、B金融に150万円」

「え？　B金融!?　あーーっ、それ、一番借りちゃいけないとこだ！　次は？」

「《両方一番って、何それ》

は、はい、C金融に150万円、D金融に50万円……です」

「……あー、コイケさん、
あのね、一番借りちゃいけないとこから全部借りてるわ、あなた。

申し訳ないけどね、返ってこないわ、これ」

「えええーーーーっ」


僕は4軒の法律事務所を回りましたが、みんなこのやりとりで終わりました。

僕の中に湧いたのは、戻ってこないことへの落胆では全然なくて、当時の自分に「ホントおまえよく頑張ったな」という思いでした。弁護士も無理だと言うような、ヤミ金の高い利子にめげず、よくぞ生きて完済したな、という「頼もしいな」という思いです。

改めて、過去の自分に「やり抜いてくれてありがとう」と伝えたい。

今の自分がいるのは、まぎれもなく、借金まみれのあの時代があったから。

八方塞がりになったとき、

「目に見えない力だろうが、なんだろうが、幸せに結びつくならなんでもやろう」

そう思ったとき、宇宙さんの声が届くようになりました。

「絶対、幸せな現実をつくるぞ！」

そう決めたら、宇宙さんが「待ってました！」と言わんばかりに、じゃんじゃんヒントを与えてくれるようになった。その「ヒントじゃんじゃん」をお伝えしたいと思って、この本は生まれました。

だって、この「コイケ」にできたのですから、お読みいただく方も、きっと、それぞれの現状を好転できると確信しています。


質問が来るかもしれないので、先にちょっと種明かしさせてください。

この本で出てきたエピソード、たとえば、猫を抱いたおばさん（なんて言ったら怒られちゃうね、通称・マッダーム福）や、いきなり知らない口座が発見されて数万円の臨時収入があった話、ストールを見つけた話、クルマを買い替えにディーラーを回った話……などなど、この本で話した、僕に起こったことはすべて実話です（猫を抱いたおばさん、いや、「マッダーム福」のことは、今でも探しているくらい）。

僕の目に「宇宙さん」は見えていなくて、ドSの声だけ聞こえていたから、僕の中で描いていたイメージを、キャラクターにしてもらいました。妻とのご縁を結んでくれた「縁ちゃん」も、ストールの場所を教えてくれた「烏天狗《からすてんぐ》」も、声から思い描く僕のイメージそのもの！

「宇宙さん」「縁ちゃん」「烏天狗」は、超超超簡単に言っちゃうと、僕に降りてきた「直感」みたいなものと思っていただくといいと思う。「降りてきた」と言うとたんに怪しくなるけど、怪しいと言われるのは結構慣れてますから大丈夫です（笑）。

キャラクターたちが巻き起こした、奇跡みたいな「現実」をお伝えすることで、「直感って、大事なのかもな。コイケもこれで借金返したんだよな、人生逆転したんだよな」と、どこかで思っていただけたらと、こんな形で「宇宙からの声」をお届けすることにしました。

僕は今も、かなえたいことがあれば宇宙にオーダーし、宇宙へ質問して、ヒントを受け取っています。多くは、朝のジョギングのとき。そして、ヒントをもらったら、すぐに行動する。これが、僕のあたりまえになりました。

僕の毎日は「ありがとう」「愛してる」が、あたりまえに口から湧き出ていて、心の中も「ありがとう」「愛してる」が、あたりまえ。
だから、「ありがとう」と言える、「愛してる」と伝えたくなる現実が、日々そこにあります。

言葉の力を使えば、前提も「あたりまえ」も変わります。現実が変わっていきます。だからこそ、口ぐせを変えていくことの大切さ、いや、というより「おトク感」をお伝えしたい、そんな思いでいっぱいです。

あ、宇宙さんが何か言いたげです。

「心配すんな、大丈夫だ、つってんだろ！

人生なんてよ、ビビることなんかひとつもねーんだよ!」

おっと、やっぱりドSですね。でも、本当にそうなんです。大丈夫なんです。人は幸せになるために、生まれてきた。つまり、「幸せになる」ことを結果として決めて生まれてきて、それに至るまでの「行動」を楽しもうとしている。幸せになるようにできているんです。だから怖がることはひとつもない。

「宇宙は大丈夫なようにできているから。私は大丈夫!」

ぜひ、こうつぶやいてください。

毎日毎日口ぐせのように唱えると、「ゲーム」の設定が変更されます。人生の難易度をレベル1にするか、5にするかは、その人が決めているんですよね。

《借金を完済して、今、心から楽しんで生きている姿、亡き父に見せたかったたな。いや、きっと見ているね、宇宙から!》

これが、本書を書き終えて最初に浮かんだ気持ちでした。両親には、たくさん心配をかけ、たくさん励ましてもらい、心から感謝しています。

そして、借金を抱えているにもかかわらず、僕を生涯の伴侶として選んでくれた妻、明るく支えてくれた娘たちにも心から感謝しています。本当にありがとう。これからますます幸せになっちゃうね。これからもよろしくね。

宇宙さんが教えてくれた法則を、本という形にするにあたって、たくさんの方にお世話になりました。

僕のイメージを見事に描いてくれたイラストレーターのアベナオミさん、たくさんのエピソードを驚くほどわかりやすく構成してくださったライターのＭＡＲＵさん、サンマーク出版の橋口英恵さん、お会いしていないけれどもこの本に関わってくださった多くの方々……、皆様のおかげでこんなにも素敵な〝ドＳ本〟ができて、もう感謝以外の言葉はありません！「ありがとう！　愛してます！」

最後に、読んでくださった皆様の幸せを宇宙にオーダーして、エールをお送りいたします！

愛してるビーーーーーム！！！！

２０１６年８月　杜の都仙台より

小池浩

小池 浩（こいけ・ひろし）

心理セラピスト、スピリチュアルカウンセラー、マインドコーチ、パワーストーンコーディネーター。インディゴッド仙台代表。12年前、念願のアパレルショップ経営のために負った借金が膨れ上がり、2000万円（うちヤミ金600万円）に。自己破産しか道がない状態に追い詰められたとき、宇宙とのつながりを思い出す。言葉の力を使って潜在意識を浄化し、宇宙に望みをオーダーしはじめてから人生が激変。宇宙の使者「ドＳの宇宙さん」から送られてくるヒントを指針にした途端、人生が好転。アパレルを撤退して始めたブレスレットショップが地元のテレビに取り上げられ一気に話題となり、全国にファンをもつ人気店になる。９年で借金を完済後、収入は増える一方。愛する妻と２人の娘に囲まれて、楽しく願いをかなえる毎日を過ごす。ブレスレットをつくりにきたお客様だけに話していた宇宙のしくみや独自の願望達成法が口コミで話題となり、セミナーをスタート。好評を得ている。

借金2000万円を抱えた僕にドSの宇宙さんが教えてくれた超うまくいく口ぐせ

2016年９月15日　初版発行
2024年８月30日　第34刷発行

著　者　小池 浩
発行人　黒川精一
発行所　株式会社サンマーク出版
東京都新宿区北新宿2－21－1
電話　03－5348－7800
印刷　株式会社暁印刷
製本　株式会社若林製本工場

ISBN978-4-7631-3582-7 C0030
ホームページ　https://www.sunmark.co.jp

小池 浩 ベストセラーシリーズ

借金2000万円を抱えた僕に
ドSの宇宙さんが教えてくれた
超うまくいく口ぐせ

【著】小池 浩

すべては、この1冊から始まった…
「口ぐせ」を変えて、崖っぷち男が人生大逆転!
まさかの実話で贈る、愛とドSの一大スペクタクル!

定価＝本体1,500円＋税

マンガでわかる!
借金2000万円を抱えた僕に
ドSの宇宙さんが教えてくれた
超うまくいく口ぐせ

【著】小池 浩　【イラスト】アベナオミ

質問疑問に徹底回答「教えて!コイケ!」も必見!
感想殺到!空前絶後の話題を呼んだ願望実現の教科書が、
「マンガ」と「疑問解決編」でパワーアップ!

定価＝本体1,400円＋税

借金2000万円を抱えた僕に
ドSの宇宙さんがあえて教えなかった
トンデモナイこの世のカラクリ

【著】小池 浩

「僕は知ってしまったんだ。
宇宙さんが僕の元にやってきた理由を…」
宇宙さんが人間の再教育に
ネガティブ人間の再教育に
ついに宇宙が動き出した!?
「宇宙さん」まさかのカンニング!?

定価＝本体1,400円＋税

借金2000万円を抱えた僕に
ドSの宇宙さんが教えてくれた
お金の取扱説明書
お金を笑わせろ!

【著】小池 浩

2000万円を9年で完済に導いた
「金運UPの超秘策」を初公開!
お金が喜ぶ「取扱説明書」を楽しく伝授!

定価＝本体1,400円＋税

ドSの宇宙さんの
1分スパルタ開運帖

【著】小池 浩　【イラスト】アベナオミ

開け! 受け取れ!
おまえを激変させる「稲妻お告げ」だ!
話題騒然の宇宙一簡単な願望実現本が、
オールカラーイラストのメッセージブックに!

定価＝本体1,400円＋税